湛庐CHEERS

与最聪明的人共同进化

HERE COMES EVERYBODY

THE INNER REACHES OF
OUTER SPACE

心灵的宇宙

[美]约瑟夫·坎贝尔 JOSEPH CAMPBELL 著
张多 赵晨之 译

METAPHOR AS
MYTH AND AS RELIGION

JOSEPH CAMPBELL FOUNDATION

华龄出版社
HUALING PRESS

你对神话的终极意义了解多少?

扫码激活这本书
获取你的专属福利

- “人类时空秩序中有两个时钟，宇宙的终极时钟是二分点及岁差的天文运动，心灵的时钟则是人类心脏的生理跳动。”——坎贝尔的这句妙语是《心灵的宇宙》的主旨吗？（ ）

  A. 是

  B. 否

扫码获取全部测试题及答案，
探索自我心灵的深邃与浩瀚

- 任何神话中的隐喻都可以被定义为情感符号，这种情感符号来自____，可以通过当地生活方式中的教化叙事、祈祷、冥想、节日礼仪等仪式表现出来。（ ）

  A. 想象

  B. 宗法

  C. 律法

  D. 直觉

- 现代考古发现，赫尔墨斯仪杖这样的符号在各大洲产生文化交流以前就已经同时出现在印度、希腊、爱尔兰和新墨西哥州，这一事实可以用荣格的____理论来解释，即神话是整个人类的心理学的隐喻。（ ）

  A. 个体无意识

  B. 集体无意识

  C. 心理防御机制

  D. 力比多

扫描左侧二维码查看本书更多测试题

约瑟夫·坎贝尔

20世纪伟大的神话学大师

Joseph Campbell

- 让远古神话与现代人再度对话的思想大师
- 拯救人类心灵的哲学家与心理学家
- 西方流行文化的一代宗师

约瑟夫·坎贝尔传奇的一生有如其著作中的探险英雄，在经历了启程一启蒙一考验一归来这样一种仪式性的四个阶段之后，完成了一种向上的循环，画出了一个首尾相贯的圆。

01 启程（DEPARTURE）

神话的召唤

约瑟夫·坎贝尔 1904 年生于美国纽约一个天主教家庭，在这个距神话时代极为遥远的现代化繁华大都市中，却造就了美国当代最著名的神话学家。孩提时代，坎贝尔跟随父亲去参观自然历史博物馆，他在那里看到了林林总总的原始图腾，这使他开始对印第安人的生活与文化产生兴趣。五六岁时，父亲带坎贝尔和他的弟弟去看当时非常流行的“野牛比尔”西部秀，尽管牛仔是演出的主角，但坎贝尔后来在书中写到，他完全“被印第安人的形象迷住了”。10 岁时，坎贝尔读完了当地图书馆儿童区所有关于印第安人的书，并被特许进入成人区阅读。直觉告诉他，了解神话是通往人类心灵奥秘最直接的道路，而这也许是坎贝尔日后对民族学、人类学产生兴趣与进行研究的基础。

02 启蒙（INITIATION）

来自灵性大师的第一次启蒙

19 岁的坎贝尔跟家人一起游历欧洲时，在甲板上看到三个深棕肤色的人，其中之一就是印度传奇哲学家克里希那穆提。在一位年轻女士的引荐下，坎贝尔认识了这位伟大的东方哲学家。这次经历让坎贝尔醍醐灌顶，并成为他认识印度和亚洲世界的开始。

大文豪乔伊斯为他引路

1927 年，在哥伦比亚大学获得中世纪文学硕士学位后，坎贝尔来到巴黎继续深造。在这里他深受欧洲当代艺术的影响。一次偶然的机会，坎贝尔发现巴黎所有的书店里都有詹姆斯·乔伊斯的著作《尤利西斯》，而这本书在美国是禁书，无处可寻。坎贝尔对乔伊斯的作品非常着迷，甚至在他新婚期间，乔伊斯都和他的妻子具有同样的分量。坎贝尔经常一手挽着妻子，一手拿着乔伊斯的作品《芬尼根的守灵夜》。乔伊斯的出现，引导坎贝尔走向了“大发现”的世界，而在这之前，他一直走在一条狭窄笔直的学术道路上。

与荣格等心理学大师共事

坎贝尔结束在巴黎的学习后，前往慕尼黑大学重拾对中世纪文学的研究。在这段时间里，他结识了众多现代主义大师，这些人都是当时他在美国闻所未闻的大人物：心理学家弗洛伊德、荣格，著名画家毕加索和亨利·马蒂斯，以及德国大文豪、诺贝尔文学奖得主托马斯·曼。这深深地影响了坎贝尔的理论，让他认识到所有的神话和史诗都互相联系在整个人类的精神世界中。

考验
（TRIALS）

历经考验铸就《千面英雄》

1929年，坎贝尔从欧洲返回纽约后，立刻向他的导师和朋友们分享了神话的潜能和魅力，但没有人能够真正理解他，这让他放弃了博士项目。之后的几年，他涉猎了大量美国现代文学、哲学和心理学作品，也搜集了各种文化下的神话传说。

1934年，坎贝尔被莎拉·劳伦斯学院（Sarah Lawrence College）聘为教授，他的课程因为引入了自己的神话学研究而大受欢迎。在20世纪40—50年代，他帮助尼基兰南达上师翻译了《奥义书》和《罗摩克里希纳福音书》。他还编辑了德国学者海因里希·齐默关于印度艺术、神话和哲学的著作。

1944年，坎贝尔与亨利·莫顿·罗宾逊共同出版了《解读<芬尼根的守灵夜>》。之后，坎贝尔耗时5年，写下了奠定自己神话学权威地位的巨著《千面英雄》。这本书于1949年一经出版，便广受读者追捧，销量一路领先。

在对“英雄神话”的研究中，坎贝尔断言，所有文化中的英雄神话都符合一种单一的模式——英雄之旅。他说：“每个人都拥有自己的蕴藏强大能量的梦中万神殿。英雄必须一次又一次地通过艰难的障碍。”

坎贝尔在莎拉·劳伦斯学院执教了38年，当时，该学院还只招收女性学生。执教生涯里，坎贝尔一直向学生们讲授神话。同时，他也告诉学生，关于神话，他讲授的一切都是男性所说和所经历的，女性应当从自己的角度告诉世界，女性未来的可能性是什么。坎贝尔十分有先见之明地说：“世界尚未真正认识到女性的力量，这种力量一定会呈现出来，我们只需拭目以待。”

归来

（RETURN）

乔治·卢卡斯终生追随的精神导师

好莱坞导演乔治·卢卡斯读到坎贝尔的《千面英雄》后大为震惊，也因此迷上了对神话历程的分析。后来，《千面英雄》成为《星球大战》的重要灵感来源。卢卡斯称坎贝尔是“一位了不起的学者，一个了不起的人”，并将坎贝尔视为自己终生追随的精神导师。坎贝尔的作品亦是无数好莱坞大片成功的基础，被好莱坞众多导演、编剧列为必读书目。

影响奥巴马、乔布斯的当代神话学巨擘

20 世纪 60 年代，坎贝尔成为嬉皮士创作灵感的重要源泉，“苹果教父”史蒂夫·乔布斯也深受其影响。除了乔布斯，美国前总统奥巴马及其母亲都是坎贝尔的忠实粉丝，“哈利·波特”系列图书的作者 J.K. 罗琳也多次提到坎贝尔及其作品，坦陈自己的小说创作深受坎贝尔的影响。1988 年，坎贝尔与比尔·莫耶斯的一系列电视访谈被编撰为《神话的力量》，这档曾影响了百万观众的电视节目，至今仍以书的形式震撼着一代又一代的读者。

结语

20 世纪 80 年代，“坎贝尔热”席卷全美，“感恩而死”摇滚乐队不断从中发现音乐创作的灵感，更有无数艺术家，甚至游戏编程人员对他顶礼膜拜。1985 年，坎贝尔被授予美国国家艺术协会文学创作荣誉金奖。在颁奖典礼上，知名心理学家、荣格学派代表人物詹姆斯·希尔曼说：“在这个世纪里，没有人能像坎贝尔一样，将世界及神话人物角色的深邃意义，带回到我们的意识中。”约瑟夫·坎贝尔在 1987 年因癌症去世。《新闻周刊》悼曰：“英雄已去，信念长存。”

他就是约瑟夫·坎贝尔，是当代神话学巨擘，才华横溢的心理学家，思维独特的哲学家和作家，极具启发性的心灵导师、演说家和思想家，是影响西方流行文化的一代宗师。

坎贝尔神话系列作品

《千面英雄》

- 神话学大师坎贝尔享誉世界的代表作
- 现代人寻求内在觉醒的经典

《千面女神》

- 坎贝尔致敬女性之作
- 女性如何孕育整个人类的精神家园

《指引生命的神话》

- 坎贝尔自选集，献给迷茫时代的答案之书
- 用永恒的神话智慧应对当下和未来

《追随直觉之路》

- 献给每一位生命旅者的灵性觉醒之书
- 书写属于你自己的神话，追随喜悦、发自我、完善人格

《生命的狂喜》

- 坎贝尔遗世之作，献给舞蹈家妻子的一封情书
- 将生活当作一场舞蹈，调动内心潜藏的力量

《梦境的象征》

- 坎贝尔辉映《梦的解析》之作
- 揭示神话意象与梦境的关系

《解读乔伊斯的艺术》

- 坎贝尔关于乔伊斯文学研究的毕生成果结集
- 全景式解读乔伊斯的创作理念与脉络，揭示关于人类普遍经验的寓言

《英雄之旅》

- 坎贝尔亲述他的生活与工作
- 与世界各领域精英的灵魂对话

《神话的力量》

- 坎贝尔写给大众的心灵启蒙之作
- 在诸神与英雄的世界中发现自我

《坎贝尔生活美学》

- 神话学大师坎贝尔箴言录
- 用超世俗的精神指引现世生活

《众神的面具》系列（共 4 卷）

- 坎贝尔传世巨作，十年磨一剑的宏篇巨著
- 人类古今神话的全面考察与阐述，理解了面具，就理解了神话

《心灵的宇宙》

- 坎贝尔哲思精华之作
- 参透天人合一的“心学”，在神话中探索自我心灵的深邃与浩瀚

《光之世界》

- 坎贝尔本人挚爱之作，献给东方的一份礼物
- 探寻东方神话中的智慧与奥义

《解读〈芬尼根的守灵夜〉》

- 坎贝尔锋芒初露的处女作
- 一把解读天书的钥匙，用神话攀登后现代文学的极峰

THE INNER REACHES OF OUTER SPACE

《约瑟夫·坎贝尔文集》概述

约瑟夫·坎贝尔于 1987 年与世长辞，留下了一批意义重大的著作，这些著作主要讲述普遍性的神话和象征，坎贝尔称之为“关于人类的一个伟大的故事”，其中凝结了他毕生探索的热情。除此之外，坎贝尔还留下了大量未发表的作品，包括文章、笔记、信件及日记，还有一些以音频和视频形式发表的演讲。

约瑟夫·坎贝尔基金会成立于 1990 年，旨在保存、保护和延续坎贝尔的作品。该基金会正致力于将坎贝尔的论文和音像资料转化为数字化档案，并将出版《约瑟夫·坎贝尔文集》。

《约瑟夫·坎贝尔文集》

执行编辑：罗伯特·沃尔特（Robert Walter）

总编辑：戴维·库德勒（David Kudler）

从千面英雄到单一神话
——坎贝尔神话观述评

叶舒宪

上海交通大学文科资深教授

中国社会科学院研究员

中国比较文学学会会长

学者的探索生涯往往有两种不同的展开形式：或是跳跃性的转换，研究者被兴趣和灵感所左右，出人意料地改变着对象和方向；或是循序渐进式的螺旋发展，研究者在一个领域中锲而不舍。皮亚杰的研究兴趣从蜗牛的习性跳到发生认识论，神奇般地在一个新领域获得始料未及的果实；而约瑟夫·坎贝尔则终生盯准一个问题作数十年如一日的思索，最后以同一主题的等身著述确立起自己在这一领域中理所当然的权威。

那个谜一般诱人的问题是：世界各地的神话是不是一样的，为什么？

这既是探索者的起点，又是他的归宿。

为了求解这个极简单又极复杂的难题，坎贝尔一生研究历程有如他著作中的探险英雄，在经历了启程—启蒙—回归这样一种仪式性的三阶段之后，完成一种向上的循环，画出一个首尾相贯的圆。

英雄启程：《千面英雄》

约瑟夫·坎贝尔，1904 年 3 月 26 日出生于美国纽约。这个距神话时代最为遥远的现代文明最繁华的大都市却造就了美国当代最著名的神话学家。这不禁使人想起约翰·怀特《现代小说中的神话》一书引用的马克思的问话："成为希腊人的幻想基础，从而成为希腊神话基础的那种对自然的观点和对社会关系的观点，能够同自动纺机、铁道、机车和电报并存吗？在罗伯茨公司面前，武尔坎又在哪里？在避雷针面前，丘比特又在哪里？"马克思的提问方式意在表明神话的衰亡与技术的发达恰成反比的历史事实，那是 19 世纪 50 年代。马克思的老师黑格尔也曾郑重预言，以神话和象征为起点的艺术将不可避免地走向衰落。

一个世纪之后，神话的全面复兴使人们倾向于一种相反的看法：神话与艺术都是对抗技术异化的秘宝。神话思维与神话经验应该同电子计算机、原子弹和太空船并存。神话不仅是认识所需，而且成了“生存之需”。坎贝尔的《指引生命的神话》这样的书名便足以说明问题了。正是这种激进态度，使他被世人看作当今世界最虔诚的神话捍卫者。

坎贝尔对神话的兴趣始于少年时期。他最喜爱的书是美洲印第安人神话。后来在攻读英国文学硕士课程时，发现亚瑟王传说中某些重要内容与印第安神话的基本母题十分相似。任教于纽约州的莎拉・劳伦斯学院文学系以后，坎贝尔开始探讨神话原型问题。如果不算与亨利・莫顿・罗宾逊合写的《解读〈芬尼根的守灵夜〉》（1944），那么1949 年问世的《千面英雄》是坎贝尔独立完成的第一部著作。当时他绝没有料到，作为他神话学研究的启程之作，这本篇幅不大的书成了他一生著述中最有影响的一本，是它奠定了他在神话学与文学批评两个领域中的声誉。

坎贝尔写《千面英雄》时抱有双重目的：一是证明世界各地的英雄神话都是类似的；二是确立研究神话的心理学解释方法。

在归纳英雄故事的普遍模式方面，坎贝尔并不是首倡者。在 19 世纪，比较语言学与比较神话学借助于梵语和《吠陀经》神话重构被文明史遗忘已久的原始印欧（雅利安）文化时，就有一位叫约翰・乔治・范汉的学者以 14 个故事为例，证明所有的印欧英雄都遵循着一个传记模式。20 世纪初，又有奥托·兰克用心理分析法加以解释的英雄模式和洛德·拉格仑用仪式加以解释的英雄模式。坎贝尔则主要从荣格的原型心理学出发，综合前人的观点构成更具普遍性的模式。

> 英雄的神话冒险的标准道路乃是过渡仪式中所表现的三段公式的扩大化：启程—启蒙—回归……英雄离开日常生活的世界进入一个超自然的奇特境地，在那里遇到惊人的敌对力量，获得决定性的胜利。英雄从这神秘的探险中回归，为他的人民带回恩赐。

坎贝尔认为，正如解剖学必然忽略种族差异而专注于人体的普遍结构，英雄神话的研究也将着眼于相似性而不是差异性。模式的普遍性表明有某种出自人类普遍心理的意义潜伏在各种英雄神话和传说背后。与此相比，差异性就显得微不足道了。

英雄之所以成为英雄有两个因素：一是他做了别人不愿或不能做的事；二是他是为自己也是为一切人而做的。普罗米修斯盗天火，伊阿宋取金羊毛，埃涅阿斯下阴间会见亡父似乎都是如此。神话中的英雄或是王子，或为武士，或是圣徒或神；他所寻求的珍宝或是财富、美人（新娘），或是能力与智慧；他或是为自己的人民或是为全人类而寻宝。所有这些外在差异都无关紧要，因为那只是象征的表面。从心理意义上看，字面上叙述的英雄发现了一个奇特的外在世界，实际上象征着他发现了一个奇特的内心世界。字面上的英雄发现新世界比物质世界更丰富，象征着他发现他的意识之外有更多的东西。字面上的英雄发现了那个世界的终极性质，象征着他发现了自己的终极性质：他发现了自己究竟是谁。

这样，坎贝尔第一个把英雄神话的意义解释为“自我的发现”。英雄一方面找到了他和他的同胞以前未意识到的无意识真实，另一方面这也意味着神话的创作者、讲述者乃至听众也都相应地发现了无意识的意义，他们才是神话的真正英雄。借用耶稣的话：“上帝之国就在你们心中。”

与荣格相比，坎贝尔可谓青出于蓝而胜于蓝。荣格认为所有的英雄神话是类似的，坎贝尔现在发现，英雄神话不是彼此相似，而是彼此相同。正如《吠陀经》所言：真理只有一个，圣人用许多名称去讲述它。

英雄启蒙：《众神的面具》

对英雄神话的研究作为坎贝尔的启程之处，预示了他日后的漫游方向和探求对象。《千面英雄》不仅确定了坎贝尔要进一步深究的那个问题，而且奠定了今后著述的方法论基础：他反对单个主义的方法，即个别而非普遍地看待神话。因为千差万别的神话对他来说只是共同的人类心灵的表现窗口。在 10 年之后开始陆续推出的 4 卷本大著《众神的面具》中，研究对象从英雄神话扩展到一切神话，而研究的结论也似乎只是原有结论的扩大化。如《千面英雄》那样，《众神的面具》的书名也是意味深长的：正像在数以千计的面孔之下其实只存在一个英雄，戴着多种多样“面具”的其实只是一个单一的神。

然而，要说坎贝尔在落笔之前已经得出这样的结论是不符合实情的。他是在漫游了原始神话、东方神话、西方神话和创造神话（文学神话）的广阔天地之后，才不断修正自己的见解，最终趋于“面具”之后的一神的。这种延续 20 多年的探索经历，就好比英雄发现自身的漫游和启蒙过程。

《众神的面具》的第 1 卷《原始神话的诞生》探讨的是前文字阶段的原始民族的神话。坎贝尔按照人类学家列奥·弗罗贝纽斯的划分，把所有的原始民族区分为两类：狩猎者和种植者。坎贝尔认为这种经济上的差别取决于地理和气候的条件，这种差别又派生出由神话所表现的社会的与思想的差别。狩猎与种植之间的差别乃是以杀生为食和以培育为食的差别，前者打断自然的循环，后者信守自然的循环。猎人不懂得自然的死亡，要么是杀生，要么是被杀。农人则从作物的生与再生中看到不死的象征。从社会意义上看，猎人是个人主义的，他们为自己狩猎。耕作则是集体性的，参与者必须放弃个人性。猎人在他们高兴的时间和地点捕猎，而农人则被时间和空间所束缚。

除了差异，狩猎者与种植者还有相似处，那便是比差异更为重要的三种信念：不死、自我牺牲（猎物或作物）和神秘的同一性（猎人与猎物，农人与作物）。这三个共同点消解了他区别出的差异性，狩猎者被视为改装了的耕种者。反之亦然。这样一来，神话群所显示的差别就成了“面具”上的差别。

第 2 卷《东方神话的启示》与第 3 卷《西方神话的创变》分别问世于 1961 年和 1964 年。从时间上看，它们都是“原始神话”发展的产物；从空间上看，东方神话包括印度、东南亚、中国、日本，美索不达米亚、埃及、前哥伦布时期的美洲和秘鲁；西方神话包括近东或“黎凡特”地区，或者说是犹太教、基督教、伊斯兰教和琐罗亚斯德教，还有整个欧洲。这里把闪米特人划入西方是与众不同的。

在《原始神话的诞生》中，坎贝尔曾将狩猎者的社会视为父权制，耕种者为母权制。现在他又认为东方神话源自原始农民，反映着以女神为主的母权社会；西方神话则主要反映着以男神为主的父权社会。从这一基本差异着眼，坎贝尔归纳出了东西方神话的六大差异特征：

1. 西方神话强调男神对女神的统治和神对人的统治；东方神话强调众神平等和人神平等。

2. 西方强调男神女神之别和神人之别；东方强调男女神和神与人神秘的“混一”。

3. 西方强调人的必死性；东方强调人的不死性。

4. 西方神话表现雄心与攻击欲；东方神话表现被动性与和平。

5. 西方追求英雄主义，东方则不，尤其当英雄主义体现为野心和斗争时。

6. 西方神话中的欲望在于建立强大、独立的自我；东方神话中的欲望在于消解自我，回归纯粹的无意识。

坎贝尔的这种比较观点在神话学领域引发了持久的争论，神话研究本身也成了文化寻根的一种有效方式。神话与民族性的问题实际上也就是人类学中的文化与人格问题。所不同的是，人类学家侧重于实地考察和田野作业，从案例分析中引出结论；坎贝尔则坐在他的书斋中漫游东西方，俯视寰宇，他所得出的论断难免带有传统的偏见和个人局限。比如他确认的第 4 点和第 5 点差异，在我看来不过是西方传统观点的翻版，因为亚里士多德《政治学》就已判定：西方人性格强悍好进取，东方人性格卑弱易臣服。相对而言，坎贝尔在解析具体神话时倒是表现出更多的独创性，例如关于西方神话中父权制对母权制的取代过程。

赫西俄德《神谱》[①] 中描述了男神的胜利：以宙斯为首的神战胜与母权文化相联系的提坦诸神，不过地母神及其后继者赫拉依然拥有强大的实力。在巴比伦史诗《吉尔伽美什》中，男性英雄所获不死草被蛇所窃，这表明被战胜的母权文化以收回不死性的方式惩罚与父权文化相认同的人类。《圣经》中的伊甸园神话也是失势的母权文化继续挑战的表现：夏娃怂恿亚当违背上帝诫命，乃是对父权至上权威的反叛。而亚当夏娃被造时所用的尘土，乃是大地母神的非人格化形式，犯罪的人祖死后归土意味着回归母体：那里没有性别之差，夏娃

① 赫西俄德的《神谱》描写的是宇宙和神的诞生，讲述从地神盖亚诞生一直到奥林匹亚诸神统治世界这段时间的历史。——编者注

亚当复原为一体，就像被取下肋骨造夏娃以前的亚当。坎贝尔的这种译解与女权主义标示双性同体为至高理想的做法不谋而合，不过他把亚当和普罗米修斯这样一些男性英雄解说为母权文化的英雄，倒是打破了女权论者们的纯性别偏见。在这一意义上，他成了 20 世纪的“巴霍芬”[①]。

《众神的面具》第 4 卷《创造性神话的繁荣》实指 12 世纪中叶以降西方的神话文学，这是他继《解读〈芬尼根的守灵夜〉》之后又一部文学批评著作。“创造性神话”与以往神话不同，它的兴起是与西方人信仰的失落相同步的。信仰的失落也就是传统的神话及其价值观的失落，代之而起的个性主义价值观是使“创造性神话”有别于原始神话、东方神话和早期西方神话的思想内核。个性主义产生出新的英雄主义精神，把人从对神的屈从和对群体的盲从中解放出来。坎贝尔将两部中古传奇——《特里斯丹和绮瑟》与《波西佛》视为新的英雄主义的初期范本，将托马斯・曼和乔伊斯奉为现代的典范。至此，坎贝尔似乎暗示他即将结束在神话世界中所做的纵横游览，回归到启程时所关注的英雄问题。

① 巴霍芬是瑞士人类学家和法学家，名著是《母权论：根据古代世界的宗教和法权本质对古代世界的妇女统治的研究》(1861)。

回归:《梦境的象征》

坎贝尔的晚期著作《梦境的象征》(1974)及《世界神话历史地图集》第1卷(1983)可以视为其毕生著述的总结。不论从方法上还是从观点上看，都表现出回归《千面英雄》的倾向。

首先，他不再像《众神的面具》中那样探讨神话的差异性——狩猎神话与耕作神话、母权神话与父权神话、东方神话与西方神话，而是专注于神话的同一性，在更大规模上重申《千面英雄》的结论：所有的神话在本质上都是一样的。其次，在《众神的面具》对神话的形而上阐释之外，又恢复了更大分量的心理学阐释。他不仅突出神话意象与梦幻意象的比较，而且像荣格一样，干脆把神话等同于集体的梦。

与前期著作相比，《梦境的象征》的另一特征是图文并茂。作者认为神话与梦属于另一世界，解释则属于醒觉世界，两者本不相同。理解神话离不开对具体意象的直观体验。据粗略统计，仅第2章“宇宙秩序的观念”120多页篇幅中就用了图片110多幅，近乎页页可观“意象”了。为了表明世界神话中“宇宙山”的意象，作者列举出自公元前3000年的苏美尔坛台、埃及金字塔和巴比伦祭坛到9世纪的玛雅神庙、15世纪的北京天坛等时空跨度极大的多种图像，让读者按照“眼见为实”的逻辑，心悦诚服地接受“只有一种神话”的见解。

坎贝尔在《千面英雄》中曾引用乔伊斯小说人物的话“单一神

话”（monomyth）来概括所有的英雄神话。现在，批评家们据此创造了一个新术语“单一神话论”（monomythicism，或译“单一神话主义”）来概括坎贝尔的学说，认为它对当今流行的那种用单一模式解读作品的批评倾向产生了决定性影响。像美国批评家吉维特（R. Jewett）所提出的“美国单一神话”论，更是坎贝尔学说的继承与发扬。

单一神话论尽管有简单化之嫌，但它所倡导的那种开阔的世界性视野对于局限在某一国别或地区之内的坐井观天式的研究，无疑是一大震撼。它要求从象征意义上而非字面意义上去理解神话，这同心理分析派和结构主义派的观点汇同一体，已经成为今日神话研究的主流。对神话象征蕴涵的发掘又反过来为现代作家和艺术家们提供了新的灵感之源。

神话捍卫者坎贝尔一生的著述反复告诉人们一个道理：神话的终极意义总是同样的。从心理学上看，那是自我与无意识的统一；从哲学意义上看，那是自我与宇宙的合一。

THE INNER REACHES OF OUTER SPACE

前 言

本书是由我1981—1984年在旧金山的演讲完善形成的，主题参考了该市卡尔·荣格研究所公共项目主任芭芭拉·麦克林托克（Barbara McClintock）和加州大学伯克利分校国际研究项目主任林恩·考夫曼（Lynne Kaufman）的建议。1983年，麦克林托克以“心灵的宇宙”（The Inner Reaches of Outer Space）为主题组织专题研讨会。观众们聚集在旧金山艺术宫的大厅，我和宇航员拉塞尔·路易斯·施韦卡特（Russell Louis Schweickart）在那儿分享了我们的观点。《神话与宗教的隐喻》是我1984年演讲的标题。也是在那个大厅，在考夫曼为我庆祝80岁生日的典礼上，诗人罗伯特·勃莱（Robert Bly）、考古学家马丽加·金芭塔丝（Marija Gimbutas）、太极拳大师黄忠良、哲学家山姆·基恩（Sam Keen）、心理学家斯坦利·凯勒曼（Stanley Keleman）和人类学家芭芭拉·梅厄霍夫（Barbara Meyerhoff）为典礼增色不少，最后气球像银河一般从高高的天花板降下。为了感谢我的妻子、舞蹈家兼编舞珍·厄德曼（Jean Erdman），我在1981年由麦克林托克召集的“对美的呼唤”研讨会上准备了题为《艺术之道》的演讲，该研讨会由詹姆斯·希尔曼

（James Hillman）主持。1982 年，在卡尔·荣格研究所举办的研讨会上，针对“神话作为生物学的一种功能”的话题，我做了题为《神话与本体》的演讲。

我很荣幸将本书作为与近年来旧金山听众们交流合作的成果和对系列新见解回馈的礼物，我乐此不疲，而且一直在广泛分享的精神冒险中不断尝试这种回馈。

约瑟夫·坎贝尔

神话是生命的共通语言

如果以公正的眼光审视人类的宗教传统，人们很快就会注意到某些共同的神话母题。尽管这些母题在不同传统中有着不同的理解和发展，比如说关于“永生”或有关“恶魔”和“善灵”。19 世纪民族学家阿道夫・巴斯蒂安（Adolf Bastian），也是一名医生和旅行家，柏林大学人类学系的讲席教授，将这些反复出现的主题和特征称为“基本观念”（Elementargedanken），将其绑定在“族群”或“民族观念”（völkergedanken）范畴内。这些反复出现的主题和特征也关乎人类，以及其在艺术、习俗、神话和宗教中的不同表现、解释和应用方式。

在各地宗教教义中，这种对“普遍性”和“地方性”的承认，澄清了那些涉及永恒和暂时的价值、真理和谬误的争论，这些争论永远吸引着神学家。除了将两个不同但相关的科学加以区分之外，我们亦应看到：一方面，研究不同“族群”或“民族观念”是历史学家和民族学家关注的问题；另一方面，“基本观念”的研究也与心理学有关。20 世纪一些著名的心理学家致力于分析这种普遍性，我认为荣格是其中最富洞察力和最具启发性的代表。巴斯蒂安称之为“基本观念”的神话母题，荣格则称之为“集体无意识的原型”，从而将精深研究的重点从理性观念的心理领域转移到了朦胧的潜意识深处的梦境。

在这种观点中，神话和梦境都是由单一的精神生理源所推动产生的。换言之，人类的想象力是由人体器官（包括大脑）相互冲突导致的急性症状激发的，自公元前 40000 年以来，这些器官的解剖结构几乎保持不变。因此，正如梦境是做梦者心理的隐喻，神话的意象则是与其相关的人心理状态的隐喻。与这种立场相协调的社会学结构被非洲民族主义[①]者弗罗贝尼乌斯（Leo Frobenius）称为文化“单子”[②]。在弗罗贝尼乌斯看来，这种社会有机体的每一个特征都是富有表现力的，因而传达的心理意象充满象征性。斯宾格勒（Oswald Spengler）在《西方的没落》（*The Decline of the West*）中确认了从公元前 4000 年首个有文字的高等文明兴起以来的 8 个蔚为壮观的巨型“单子”（第 9 个正在形成），它们塑造并主导了世界历史：（1）苏美尔-巴比伦；（2）埃及；（3）希腊-罗马（阿波罗型）；（4）吠陀-雅利安（印度）；（5）中华；（6）玛雅-阿兹特克-印加；

① 非洲民族主义（Africanism），又称为泛非主义（Pan-Africanism），是全世界黑人反对种族歧视和殖民统治的一种声势浩大的民族主义思潮。——译者注

② 单子（monad），自然科学术语，即不可分割的实体。——译者注

（7）祆教徒[①]（波斯）；（8）浮士德式[②]精神（哥特－基督，到现在欧美文明）；（9）正在成长的俄罗斯－基督文明。[1]

然而，早在这些意义深远的“单子”在世界历史中出现、繁荣和没落之前，人们承认有一个永恒的时期，即无文字的土著社会，包括渔猎族群或农耕族群；有些家庭规模不超过6个人，有些则会有上万人。每个族群都有自己的神话，有些是支离破碎的，有些则是瑰丽多姿的。当然，这些神话都受到当地地理条件和社会需求的制约。他们的形象来源于当地的景观、动植物、对人物和事件的回忆、共同的成功经历，等等。此外，叙事主题和其他神话特征也从一个领域传递到另一个领域。但“单子”的定义并不是影响因素、细节的数量和性质的函数，而是与人之宇宙有关的心理立场的函数，无论大小，“单子”都是其中凝聚的生命。因此，从民族学家或历史学家的角度，不论研究任何神话，都会将神话的隐喻，与揭示“单子”的结构和力量相关联。通过“单子”，文化的每一个特征都被赋予其精神意义。由此产生了“单子”文明的艺术、工具、武器、仪式、乐器、社会规则，以及在战争与和平中同邻国的外交模式。

根据巴斯蒂安的说法，这些“单子”是区域组织文化在“族群”或“民族观念”意义上的诸多代表，根据当下的需求和利益，以不同

---

① 祆教，又译琐罗亚斯德教（Zoroastrianism），是基督教诞生之前在中东地区最有影响力的宗教。——译者注

② 歌德笔下的浮士德是一个传奇的不朽人物，浮士德式精神数百年来一直被许多人解读和追捧，一般公认的“浮士德式精神”是不满现状、勇于追求。此处作者指的是资本主义对财富的狂热追逐。——译者注

方式把人类原始能量和欲望聚集在一起：生物能是生命的本质，当其无所约束，就会变得可怕且具有破坏性。

首先，最基本、最可怕的原始冲动是暴食，它以生命为食，使以母亲为食的婴儿产生第一层次需求。睡眠的宁静在噩梦中破碎成食人魔、食人巨人或类似鳄鱼的幻影，这也是童话的特征。在世界某些地方的酒神的狂欢庆典中，高潮是对公牛甚至婴儿等祭品的肢解。关于这个最原始冷峻的冲动，最有说服力的神话形象是印度教的时母（“黑色时间”）[①]，她创造了世界，用长长的红色舌头舔舐着这个世界上所有活人的生命。对此，正如法兰克福的弗罗贝尼乌斯研究所已故主任阿道夫·詹森（Adolf E. Jensen）在一篇关于仪式杀戮的论文中提出的：“所有动物的生存共性是通过杀死其他生物来维持的。”在这一点上，引用一首阿比西尼亚[②]庆祝生活乐趣的歌谣来说就是：“他还未杀，应杀。还没有生育的，就要生育。”[2]

第二个原始冲动，与吃一样是最基础的生理需求（正如上文这首阿比西尼亚赞歌所唱），是性的、生殖的冲动。人类生长过程中，青春期时对性的渴求甚至超过了吃的欲望。这是超越个体对整个物种而言的。印度教的爱神伽摩（Kāma）相当于丘比特，他的名字意味着“欲望”和“渴望”。但他不是孩子的形象，而是一个英俊的青年，散发着花香，像一头被强烈欲望刺痛的大象一般幽暗而伟岸。有五支

① 时母（Kālī），音译为迦梨或迦利，其字面意思是“黑色的”，为印度教重要女神。她通常被认为是湿婆之妻雪山神女帕尔瓦蒂的化身之一，乃威力强大的降魔相。“迦梨”一词也可解释为时间，故汉译为“时母”。——译者注

② 阿比西尼亚一般指埃塞俄比亚。——译者注

花箭从他的花弓中射出，它们的名字是“打开心扉”“激发欲望”“爱意燃烧”“爱得炽热”“爱之消逝”。全世界每一个角落都在议论，所有聚会的狂欢，完全被爱神之箭所释放的激情所取代。

第三个原始冲动是一种内驱动力，至少从公元前 2300 年左右，美索不达米亚南部阿卡德帝国的萨尔贡一世时期起，就一直是世界历史舞台上诸般行动的唯一动力，即明显不可抗拒的掠夺冲动。从心理学来说，这可能被解读为生理需求的延伸，以保障进食和消费；但这种动机并不是出于任何原始生物性的急缺，而是从眼睛发出的冲动；不是消费，而是占有。

这类战神，无论是仁慈的还是权威的，都是属于部族范畴的，并作为世界历史的推动者，在地球上比比皆是。《吠陀》中雅利安人的因陀罗、《荷马史诗》中希腊人的宙斯和阿瑞斯都是这一类神，他们与耶和华同时代。16—20 世纪，那个西班牙、葡萄牙、法国和盎格鲁-撒克逊诸族为争夺统治世界的霸权而斗争的时期，甚至连基督、他的圣徒和圣母玛利亚都变成了掠夺之师的守护神。

《利论》（*Artha Śāstra*）是由考底利耶（Kauṭilya）编纂的古印度经典政论著作，考底利耶是孔雀王朝建立者旃陀罗笈多国王（约公元前 321—前 297 年在位）的顾问。在书中的“制胜艺术的教科书”部分，所有生命都是由道德秩序支配的，因此国王和王子都要根据道德秩序接受建议，这一道德秩序被认为是“鱼的法则”（matsya-nyāya），简单地说就是：“大鱼吃小鱼，小鱼必须数量多且游得快。”

因为，无论是在被遗忘的生命起源的海洋深处，抑或是生命得以进化的陆地上的丛林里，还是当下我们建造的、又在连天战火中被摧毁的伟大城市中，都能令人感到敬畏的是上帝赋予的生殖、养育和克服困难的紧迫感，这些都是生存的动机。为了在世界历史的“鱼池”中至少正确地将“养育”和“克服困难”的动机发挥出来，自然法则的设定是抑制对自然的仁慈冲动。

慈悲、同理心或同情心也是大自然恩赐的品质，在物种进化历程中出现较晚，但在高等哺乳动物与幼崽玩耍和照顾幼崽的行为中已经很明显。但与生儿育女的生理需求（这是一种由器官发出的迫切需求）相反，同情心就像掠夺，是从眼睛散发的冲动。此外，同情心不是以部族或物种为导向的，而是对所有生物都有吸引力的。因此，长老、先知或在部族制度的神话体系中担任神职的人员最关心的问题之一，一直是限制和定义这种广阔的心灵能力所允许的表达领域，将其固定在一定范围内，只限于民族内的“单子”，同时把冲动都引向民族之外。在一元的视野内，暴力行为是被禁止的：“不可杀人……不可贪恋人的妻子。”（《出埃及记》20:13、17;《申命记》5：17、21）而在民族区域外，这种行为是必需的：“耶和华你的神把城交付你手，你就要用刀杀尽这城的男丁……你可以取为自己的掠物。”（《申命记》20:13-14）在基督教教义中，复活的基督对剩下的 11 位使徒说：“所以，你们要去，使万民作我的门徒。”（《马太福音》28:19），被解读为征服地球的神圣使命。

今天，我们所处的这颗星球，在绕日运行的过程中缓慢地绕轴摇摆，即将脱离双鱼座范围，进入水瓶座范围。这确实有可能对栖居的人类历史产生根本转变，正如4300多年前阿卡德帝国（今伊拉克南部）的萨尔贡一世的历史所示，它可能预示着终结。

因为不再有完整的一元视界，一切都在消散。随之而来的，是人们对神话形象和相关社会仪式的心理控制也在减弱，而神话形象和相关社会仪式正是人们赖以生存的基础。半个世纪前[①]爱尔兰诗人叶芝在其预兆之诗《第二次降临》中说：

在不断扩展的旋涡里旋转、再旋转，
猎鹰已听不到驯鹰者的召唤；
中心无法维系，一切都在消散；
空余一片混沌在世间蔓延，
血腥的浊流四处泛滥，
纯洁的礼俗已被湮灭；
至善者丧失了全部信念，
极恶者却充满着狂热。
当然，一些启示就在眼前……[3]

古老的神已经垂死或死亡，世界各地的人们都在寻找并询问：新的神话是什么，这个天下大同的星球神话能和谐统一吗？

人们无法预测下一个神话，正如人们无法预测今晚的梦一样；因为神话不是意识形态。神话不是从大脑投射出来的东西，而是从内心

① 《第二次降临》1920年首次出版。——编者注

感受到的东西，是来自对自然表象背后或内在身份的认知。用爱才能感知到“你”，否则就只是一个“他”。几个世纪前，印度的《凯纳奥义书》中说:“闪电中闪现的东西，使人眨眼，然后说‘啊！’——‘啊！’指的是神性。”[4] 在此之前的公元前 9 世纪的《唱赞奥义书》说:

> 当“世界上”一个人什么也看不见，什么也听不见，什么也认不出的时候：那就是“参与”无限。但当一个人只看到、听到和认识到差异时，那就是渺小。无限是不朽，渺小则会消亡。
>
> 但是，先生，那“无限”：它建立在什么之上呢?
>
> 靠自己的伟大，或者更确切地说，不是靠伟大。因为这里的人们非常了解牛和马、大象和黄金、奴隶、妻子、豪宅和庄园。我不是这个意思，不是那样！因为在这种情况下，一切都建立在其他东西之上。
>
> 我所说的无限在下方、在上方；也在西部、东部、南部、北部。事实上，这就是整个世界。因此，关于自我（ahaṃkārādeśa）的概念：我也在下方、上方、东部、南部和北部。我就是整个世界。
>
> 再回过来看自我（ātman）：自我（灵魂）位于下方、上方、西部、东部、南部和北部。事实上，自我（精神）就是整个世界。
>
> 诚然，一个人以这种方式看待、思考和理解，以自我为乐，与自我同住，并知道自我的幸福，这样的人是自主的

> （svarāj），可以在世界各地随意迁移（kāmacāra）。否则将被他人统治（anya-rājan），虽然他们也知道，但容易灭亡。[5]

《奥义书》的作者如是说：神话的生命源于其象征的生命力，作为隐喻，神话传递的不仅仅是理念，而是对超越、无限和富足的现实参与感。事实上，神话首要的也是最基本的使命正在于此，即向所有存在的绝对奇迹敞开心扉。神话的第二项使命就是宇宙观：代表宇宙和整个自然景观。无论是心灵所知的还是肉眼所见的，作为一种顿悟，当闪电、落日照亮天空或看到鹿警惕地站着时，那一句感叹“啊！”可以说是对神性的认可。

这表明，在新的神话中，即在整个人类的神话中，古老的近东地区通过堕落的教义对自然进行去民主化的做法将遭到拒绝。因此，在《列王纪》第 2 章第 5 节、第 15 节中所表达的任何限制性情绪，诸如“除了以色列之外，普天下没有上帝”，都将被视为一种可憎的行为（用《圣经》的术语）。宇宙的形象将不再是古老的苏美尔、巴比伦式的：以局部为中心的三层结构，上面是天堂，下面是深渊，中间是海洋环绕的地球；也不是后来的托勒密式的：一个神秘的悬浮球体，被一个有序旋转的水晶壳罩住；甚至也不是最近的日心说式的；也没有在一个由爆炸恒星组成的星系中发现巨大的行星系统。但（至少到今天为止）不可思议的浩瀚星系、星系团和超星系团正在加速扩张。人类就像是某个普通星系旋臂中一颗小恒星的一颗较小卫星的表皮上，新近形成的头皮屑。而成千上万个星系正漂浮在大约 150 亿年前，由不可想象的超自然事件形成的宇宙中。在第 1 章中，我们将阐述这个仍在继续的奇迹及其现有知识，以及其与神话的相关性。

第 2 章讲述阅读象形文字和解释神话隐喻词汇的艺术，目的只是提醒我们已知但往往会忘记的事情，即受历史制约的思想和语言形式。我们的生活被塑造，确实是受历史制约的。无处不在的身心实体——智人物种的生物能量系统，在过去的 4 万年里一直是常数。因此，智人物种的“基本观念”（巴斯蒂安）或“集体无意识的原型”（荣格）具有生物学基础；同时，世界各地的神话中，具有历史条件的隐喻人物的激励力量和隐含的参考，就像空间法则一样，不会因地点的变化而改变。

因此，随着过去一元结构的消散，新的神话正迅速成为一种社会和精神的必需品，它已经作为先验知识隐含在我们中间，是心灵的固有知识。人们欣喜若狂地认为它的形象是伟大的、光辉的，它在这个全新宇宙和万物的下方、上方、西方、东方、南方和北方。新神话将来自当代生活、思想和经验，无论何时何地。新神话所要支持的道德秩序将是人类“单子”。

第 3 章“神话是艺术的灵感之源”从美学原理的角度定义和讨论了认识所有事物所需的思想和视觉的彻底转变，即对存在喜悦的顿悟。因为，是艺术家将神话的形象展现出来，没有形象（无论是精神上的还是视觉上的）就没有神话。此外，这种非评判性的观看方式适合艺术，它允许事物突出并被简单地识别，既不可取也不可怕，以各自的方式陈述存在的本质。用威廉·布莱克（William Blake）的话来说:“如果感知之门被净化，那么在人类看来，一切都是无限的。”[6]

如此看来，以艺术的方式，使环境的特征具有易见性和超越性，即神话视界。特殊时刻的特征和重要用途的物品以这种方式获得象征意义，担任同样重要的社会角色的人物也是如此。因此，将整个已知世界作为一种审美体验，它的动物、岩石和树木具有圣地的特征，散发着永恒的光芒。神庙作为具有特殊力量或历史的场所，在各地建立起来。某些鸟类和野兽被认为是杰出的象征。社会秩序尽可能地符合自然的直觉秩序，其整体意义是和谐与幸福。

每个仍流传的神话都是洞见这种秩序的组织，以视觉艺术作品和口头叙事（无论是书面的还是口述的）传播，并通过象征性仪式、节日和礼仪历法应用于公共生活。凭借社会分类、教育启蒙和授职仪式等手段，族群本身被神话化，与永恒的宇宙一起成为超越的隐喻。

因此，神话是一个控制系统，一方面，它将其族群构建为符合直觉的自然秩序；另一方面，神话通过其象征性的教育仪式，引导个体经历不可避免的心理生理阶段。也就是说，人类一生的转变，比如，出生、童年和青春期，成年、衰老和随时面对死亡，随所处世界的需求和参与的狂喜感受超越。所有象征性叙事、图像、仪式和节日都是艺术的秩序，通过它们，族群文化“单子”被控制和定义。因此，它们的作用是唤醒智力，使其认识到并产生与它们的洞察力相当的东西。

阿南达·库马拉斯瓦米（Ananda K. Coomaraswamy）[①] 的一篇论文引用了沃尔特·惠特曼（Walt Whitman）的一句话："这些东西实际上是各个时代、各个国家的所有人的思想，它们不是我原创的。"这是针对神话和形而上学的隐喻语言提出的，"它的'世界'和'神'是参考和象征实体的层次，它们既不是地方也不是个人，而是你内在可实现的状态。"[7]

从这个意义上说，神话是一种隐喻性的形象组织，暗示着最终不属于特定时空的心理状态，尽管形象本身最初暗示了这种定位。多年前，我伟大的导师兼好友海因里希·齐默（Heinrich Zimmer）说过一句话："最好的东西难以名状，次好的东西会被误解。"次好的东西之所以被误解，是因为作为无法言说的诗意隐喻，它们被平淡无奇地误读为指代有形事实。因此，隐含的信息在符号中消失了，这里的"符号"指的是当地族群曲折变化的基本观念。

不可避免的是，在大众心目中，这种超越性的隐喻，只有在当地那些神话仪式和传说中才为人所知。符号学的整体意义仍锁定在当地的现实主义和道德理想中，主要功能是严格按照当地的条件施行控制和社会化，并协调人类的原始本能，以达到人类生存目标：个体健康、生育后代和群体繁荣。但相较而言，神秘主义者和常规艺术（我们还可以补充：宗教）的行为方式，是通过隐喻来识别超越文字的顿悟。正如《由谁奥义书》所说："那里，眼睛在，语言不在，头脑也

① 阿南达·库马拉斯瓦米（1877—1947），斯里兰卡学者，曾翻译泰戈尔的作品。——译者注

不在。我们不知道，也无法想象如何表达它。因为它不是已知的，也超越未知。因此，我们从古人那里听说它……如果知道，那么就有真理；如果不知道，那么就有巨大的毁灭。智者在一切众生中洞察它，在离开这个世界时变得不朽。”[8]

例如，贞女生育被认为是历史事实，在世界神话中，都出现了这种基本观念的实例。美国印第安神话中有很多贞女生育的故事。因此，原型图像不可能是指公元前1世纪近东地区发生的假定事件。同样，“应许之地”最初也不可能是指被军事力量征服的地方，而是指某个通过沉思才能发现的心灵平和之地。再者，在神秘意义上去解读创世神话，可能会让人想起一个超越时间的背景，整个世俗世界及其丰盈的人口都是从这个背景中衍生出来的。相反，当从历史角度解读时，只能证明某些地方文化的道德秩序是超自然力赋予的。简言之，与神话的神秘功能相反，其社会功能不是启蒙思想，而是封闭思想：制约通过提供图景来唤醒人们对共同体的认识，将当地人团结在一起、相互支持，但不允许他们逃离融合的、一元的格局。

因此，显而易见，无论我们这个即将统一的星球的未来神话是什么，它的创造和文明进化的故事都不应被放大到巨大的多元演示系统中，成为无数的一元实例中的某一个、两个或三个。我们的科学家和历史学家已经描绘了这样的故事情节。那里的“单子”出现并消失在一个“单一强大存在”的想象中，就像在《芬尼根的守灵夜》（*Finnegans Wake*）中被詹姆斯·乔伊斯称为“The Hereweareagain Gaieties”[9]的变幻莫测的舞台上与自己玩捉迷藏一样，是一种欣喜若狂的感觉。因为随着各种族群的消失，双性同体的人类形象也随之出现。正如诗人叶芝所意识到的："无疑神的启示就要显灵。"[10]

与此同时，在古老的近东地区，在萨尔贡的时代，这种理念似乎首先应用于殖民战争。在这个即将到来的全球统一的微妙时刻，"吾主之年"① 1985 年，地球上仅有的三个一神教的神职人员（每个都致力于证明一个概念，即自己的历史条件下的"上帝"概念是从永恒开始的；而事实上，这并不是光靠语言、眼睛或思想就能抵达的）统领的军队，他们所展开的斗争②，正以《圣经》所预言的世界末日冒险，威胁着全球统一的整个进程。

① "吾主之年"（year of our lord），即耶稣纪元、公元纪年。——译者注

② 这里指的主要是巴以地区的连年战争，尤其是 1982 年第五次中东战争的参与方，包括了若干典型的犹太、伊斯兰、基督文化背景国家。——译者注

THE INNER REACHES OF OUTER SPACE

目　录

THE INNER REACHES OF OUTER SPACE

01

神话想象的宇宙尺度

人类时空秩序中有两个时钟，宇宙的终极时钟是二分点及岁差的天文运动，心灵的时钟则是人类心脏的生理跳动。通过这两个显然不相关的时钟，可以最好地欣赏被压抑的神话深刻性和崇高的庄严性。

对我来说这是一次惊人的经历，亦如许多人在阿姆斯特朗登月之前观看阿波罗号太空飞行的电视转播一样，当时休斯敦的地面控制人员问:“现在谁在导航？”回答:“牛顿！”

我想起了康德在《未来形而上学导论》中对空间的讨论，他问道:“在这个空间，在这里，我们可以做出判断，但我们如何知晓在那里，在那个空间，判断还是有效的？”[1]

小小的太空舱孤悬于月球之外，这是太空中从未有人类抵达的地方。当然，休斯敦的科学家们确切地知道，从这些喷气机中喷射出多少能量，当太空舱转向什么方向时，能将太空舱从外太空带回太平洋上有战舰等待的方圆一英里①以内。

康德对这个问题的回答是，空间法则为心灵所知，因为它本就是心灵的法则。它们是一种从出生起就存在于我们内心的知识，一种先

① 本书涉及的英制单位换算：1英里≈1.6千米，1英尺≈30.48厘米，1英寸≈2.54厘米。——编者注

验的知识，只有在特定的外部环境中才会被唤醒。在接下来的飞行旅程中，当阿姆斯特朗踏足月球表面并留下印记时，没有人知道它将会深深地印在月球的尘埃中。这就是后天的知识，来自经验的知识。但如何将太空舱放下，以及如何将其降于月球表面，则是从一开始就是已知的。此外，那些后续的航天器现在正在月球以外的地方巡航，也即所谓的外太空！人们确切地知道如何操纵它们，如何将信息带回，如何使其转身，甚至如何纠正它们的错误。

换而言之，我突发奇想，也许外太空就在我们内部，因为空间法则本就存在于我们内部，外太空和内部空间是相通的。此外，众所周知，我们实际上也是从太空中诞生的，因为星系是在原始太空中形成的，赋予我们生命的太阳就是其中一员。地球是围绕太阳运行的一颗行星，我们是由它的物质构成的。事实上，我们是地球的产物。也可以说，我们是它的器官。我们的眼睛就是地球的眼睛，我们的知识就是地球的知识。正如我们现在已经知道的，地球是太空的产物。

我受这些遥远隐秘的观点提醒，决定进一步（事后地 / 后验地）去了解太空，就像对我们曾祖母进行的剖析一样。我转而从世界地图集（实际上是一本宇宙地图集，已作为《国家地理世界地图集》第五版出版）探寻信息。我本以为自己多少已经了解那些科学家在山顶用大型望远镜（地球的眼睛和耳朵）获得的发现，但从那本书前 15 页中学到的东西令我惊讶。有一张跨页的照片，上面是太阳系，然后是太阳系所在的由数十亿颗恒星组成的星系，再然后是银河系所属的 20 个星系团；而这个局部星系团又是数千个这样的局部星系团中的一个，它们聚集在宇宙的超级星系团中，其极限尚不清楚。

简而言之，这些页面向我展示的，是一个具有无法想象之规模和无法想象之伟力的宇宙图景。直观地看，是数十亿颗恒星，每颗恒星都是一座炙热的核炉。我们的太阳也在其中。这些恒星中，有许多实际上已爆炸碎裂成片，在太空的最外层散落着灰尘和气体，从中诞生新的恒星和行星。然后，在这些空间以外更遥远的地方传来了微波的杂音，这是最大灾难性爆炸的回声，即宇宙大爆炸。根据新近的估算，这次大爆炸发生在约 180 亿年前。

宇宙大爆炸！它是怎么产生的？

这在某种程度上类似于拉丁诗人奥维德的《变形记》（于公元前 10 年创作）里的第一首诗篇。他写道，最初是一片杂乱无章、模糊不清的混沌；创世神上帝使混沌变得有序，使火、气、水和土元素归位。

通过深入阅读地图集，我知道初始宇宙被描述为“巨大的无特征质量”和（更神秘，因此更准确地说是）“第一推动”（奥维德的原词为“deus”）达到了能维持不超过十亿分之一秒的最大密度，也是将势能转化为能量和质量的奇点，这是所有能感知到的“现实”的孪生现象，也是精神上的时空概念（梵文 māyā）。[2] 所有物质以光速扩散，随着“空间”的冷却，在第 1 秒内，介子和中微子，以及之后的质子、中子、电子和原子产生了。其热的程度难以形容。自那以后它一直在冷却，而宇宙继续以其初始速度持续膨胀。

接着，我们看今天的宇宙图景，天文学家用那些奇妙的仪器展示了数以百万计的旋转星系，其中许多星系与银河系一样大，每一个都有数千亿颗恒星，它们都以惊人的速度彼此远离，任何地方都没有静止点。19 世纪 80 年代中期，美国科学家迈克尔逊（A. A. Michelson）和莫雷（Edward W. Morley）在俄亥俄州发表了一系列划时代成果，后来被称为迈克尔逊-莫雷实验[①]。1905 年，爱因斯坦创立了现代相对论，宣称："任何实验都不可能确定绝对静止。" 你喜欢的任何地方都可以被选作虚拟静止点，从任何这样的试验性操作中心，你都会看到无数的星系流向远方。它们中最远的一个与观察点有着遥远的距离，即使使用巨大的望远镜也完全无法追踪它们，因为它们发出的光被看到的太晚，使它们现在的位置根本追踪不到了。

因此现在，在所有可能的中心中，对人类来说唯一可用的仍然是地球。地球每 24 小时自转一次，每年围绕银河系中数千亿个恒星之一的太阳公转，同时太阳本身以每秒 136 英里的速度围绕银河系中心运行，每 2.3 亿年围绕它旋转一周。这个由爆炸恒星组成的银河系，其直径现在是 100 000 光年，一光年是光在一年内传播的距离。但是光以每秒 186 000 英里的速度传播，一年中的秒数（如果我计算正确的话）是 31 536 000 秒。如果我们把 186 000 英里乘以 31 536 000 秒，我们就得到了 1 光年的概念，也就是说（如果我再次计算正确的

① 迈克尔逊-莫雷实验（The Michelson-Morley Experiment）是 1887 年迈克尔逊和莫雷在美国俄亥俄州的克利夫兰做的一项著名实验，证明光速在不同惯性系和不同方向上都是相同的，由此否认了以太（绝对静止参考系）的存在。该实验动摇了经典物理学的基础，开辟了近代物理学。——译者注

话）是 5 865 696 000 000 英里。在这个直径如此之大的星系中，离太阳最近的恒星是半人马座的阿尔法星，距离大约 4 光年，也就是说只有 23.46 万亿英里远。

从我们在这个不可思议星系中的位置来看，夜晚仰望银河系时，我们其实是沿着一个大圆盘的半径在观察。我们在夜空中看到的其他恒星也是这个星系的成员，但它们位于横切线的一侧或另一侧。在这个圆盘中，我们的太阳只是星系的小成员，即科学上所说的星系“局部群”中的一个。在我们身处的特定星系群中有 20 个银河系，由数十亿个爆炸的恒星组成，它们从不可测量的空间穿过。人类能够比较容易描述出来的，仅仅是万兆量级的恒星组成的宇宙。

至此，我们要问一句：这对神话有什么影响？显然，必须做出一些修正。

例如，人们相信耶稣复活后，身体升天（《路加福音》24:51），不久后他的母亲在睡梦中紧随其后（早期基督教信仰，“圣母升天”在 1950 年 11 月 1 日被认定为罗马天主教教义）。《圣经》中还记载，大约公元前 9 世纪，以利亚骑着火车火马，被旋风带到了天堂（《列王纪》下 2:11）。

现在我们知道，即便是以光速上升这也是不可能的，所以上述三位天行者也无法离开银河系。1300 年，但丁在复活节前的凌晨去了地狱、炼狱和天堂；但那次旅行只是精神意义上的，他的身体还留在地球上。然而，耶稣、玛利亚和以利亚被宣布已经肉体飞升，这种神话（或曰隐喻）的民族观念对现在有什么影响呢?

显然，如果要用这种神话制造任何有价值的东西（我认为人类最初的基本观念一定是这种东西），那么这些肉体进入的不是宇宙，而是心灵空间。这就是说，这种隐喻性的旅行所隐含的是心灵在精神上回归的可能性，也就是说尽管完全了然那些超然的源头，却仍选择化身的具象方式。这个超然的源头是一个时间场，给定生命的奥秘显现在其中，并在其中消解。这是一个古老的神话：阿尔法和欧米伽①是所有存在的基础，其实现方式就是生命的开始和结束。意象必然是物理的，因此显然和宇宙同属。然而其内涵始终是心理的和形而上的，即属于心灵空间。因此，当意象 / 镜像仅仅表示特定的事件时，镜像的内在形貌失去了它们固有的精神力量，变得情绪化，只会将意志更多地束缚在无常的时间性上。

德国诗人诺瓦利斯有句美丽的箴言："灵魂的所在之处，外部世界和内部世界在那里交汇。"那是神话般的仙境。感官将意象从外部世界带到头脑中，但这些意象不会成为神话，直到通过与一致的洞察力融合而发生转变，作为想象从身体内部世界被唤醒。[3] 比如，佛教徒谈论的佛国，是在意识层面和 / 或意识秩序，可以通过冥想把相应的神话化形式带到脑海中。用柏拉图的话说就是宇宙观念，关于它的记忆在出生时就消失了，但通过哲学，它可能会被回忆起来。[4] 这就对应了巴斯蒂安的"基本观念"和荣格的"集体无意识的原型"。阿

① 阿尔法（α）和欧米伽（Ω）是希腊字母表的第一个和最后一个字母，含有"从开始到结束；某物的最重要的部分、基本要素或本质"等寓意。——编者注

南达·库马拉斯瓦米注意到，在印度，代表不同对象、区域人物和场景的艺术作品，如我们在大多数博物馆的墙壁上和房间里看到的那样，被描述为 deśī（“本地、大众、省域”）或 nāgara（“时尚、世俗”），在美学上也无足轻重。而那些代表神灵或受尊敬祖先的形象，如寺庙或家庭神龛中的神像，则被视为一种内在的、精神的“方式”或“路径”的象征，被称为 mārga，这源自狩猎词汇，表示动物的足迹或踪迹，猎人跟踪找到猎物。与此类似，神灵的形象只是“基本观念”的局部形式，实际上是“宇宙自我”的局部路径留下的足迹，崇拜者通过冥想获得“自我狂喜”（ātmānanda）。普罗提诺[①]的一段话可以说明这一点：“并非所有用眼睛感知艺术都会让人受到同一个作品影响，但如果他们通过直觉存在的原型的表观形式知道它，他们的内心就会被震撼，他们会找回那个原型的记忆。”[5]

最后，所有神话都是秩序和印象的艺术作品。但从社会学和心理学的角度来看，它们呈现的图像有很大不同；因为它们内部空间的开放程度取决于它们对外部空间的开放程度。例如，在我们目前所知最早的神话中，地平线是属于某个地方和部落的。这样的神话既不是针对整个人类的，也与人类整体无关。部落及其图景就是宇宙。再读一遍《创世记》的第 1—4 章，原不过是如此小事！这样的宇宙观与现在所感知的宇宙有什么关系？或是与地球上除了一个人以外的任何人的历史有什么关系？正如《列王纪》下篇 5：15 节所明确指出的，“除

---

① 普罗提诺（Plotinus，205—270），古罗马时期的唯心主义哲学家、新柏拉图主义奠基人。——译者注

了以色列之外，普天下没有神。”因为当时宇宙的中心是耶路撒冷，耶路撒冷的中心是圣殿，圣殿的中心是圣所，圣所的中心是约柜，宇宙的基础是方舟前的那块石头。从神话和隐喻的角度来看，这是一个完美的宗教崇拜性质的形象。但它与宇宙或地球的其他民族无关。

公元 70 年，罗马人摧毁了耶路撒冷及其圣殿。随后，神的子民流亡外邦[①]，即所谓的大流散（希伯来语 galut，意为“流亡”），这威胁到以斯拉[②]时代所谓的“神圣种族”（holy race）（《以斯拉记》9:12）的生存。然而，随后 2 个世纪犹太教的协商、对话和辩论，如《密什那》（*Mishna*，即第 3 世纪后圣经时代权威的律法、判决和裁定的汇编法典）所记录的，足以通过巧妙的重新定义来拯救传统。现在，众所周知的核心已不是一个地方，而是一个民族；不是同时消失了的圣殿或方舟，而是地球上的以色列族群。因此，在严格的种族中心主义术语中，一个关于宇宙、历史和命运的族群概念（现在是高度多义和复杂的）被创造出来，其核心特征是地球上唯一神圣的东西：这些人本身就是神的圣族。

在原住民社会中，部落神话虽然毫无例外地带有种族中心主义色彩，但在任何地方都没有表现出对人自身的特殊迷恋；因为图景的每个特征，整个自然界和周遭的一切，都展现在他们的视野中。对他们来说，地球不是尘土（《创世记》3:19），而是活生生的母亲。动植物

---

① Gentiles 一词指犹太人眼中的外邦人、异教徒。——译者注

② 以斯拉（Ezra）是一位大祭司，生活年代约在公元前 480—前 440 年，是希伯来圣经中的重要人物，公元前 460 年左右著有《以斯拉记》，为圣经全书中第 15 本书。——译者注

和所有住在地球上的民族，都是她的孩子，也被视为神圣的。此外，人们生存的法则虽然源于他们的祖先，并伴随他们成长，但并没有被拔高到超越自然的程度；他们邻居的神祇和习俗也不被视为可憎的（见《以斯拉记》9:1 等处）。部族的宗教和习俗是相对的，而不是绝对的；因此，尽管它们确实有限，但这些信仰和民俗却可以向世界敞开心扉。

例如，内布拉斯加诗人约翰・G. 奈哈特（John G. Neihardt）的重要小书《黑麋鹿如是说》（*Black Elk Speaks*），讲述了一位苏族①老巫医的童年预言，他是他的民族神笛的守护者。他曾宣称，看到自己站在世界的中心之山。当然，这里离耶路撒冷很远，他眼中的中心只能是南达科他州布拉克山的哈尼峰②。他说："在那里我用神圣的方式洞悉灵魂中万物的形状，以及万物同心、四海大同的情况。我看到我们民族的神圣圆圈只是诸多圆圈中的一个，圆圈宽如白昼和星光，中间长着一棵硕大的开花树，用来庇护一位母亲和一位父亲的所有子民。"[6]

因此，从人性觉醒的心灵之眼和精神之识中，从局域、族群视野的局限中释放出来的愿景可能会向世界敞开，甚至超越世界。因为，正如《黑麋鹿如是说》中展现的南达科他州哈尼峰看到的世界中心景象时，奈哈特所表达的是："但任何地方都是世界的中心。"[7]

---

① 苏族（Sioux），北美洲印第安人的一支，主要生活在美国北达科他州、南达科他州等地。——译者注

② 哈尼峰（Harney Peak）是美国布拉克山（Black Hills）的最高峰，海拔约 2209 米，同时也是南达科他州的最高点和落基山脉东端的制高点。参见约瑟夫・坎贝尔、比尔・莫耶斯：《神话的力量》，朱侃如译，浙江人民出版社，2022。——译者注

我想说，那里有一位真正的先知，他知道他的民族观念和其所包含的基本观念之间的区别，隐喻和它的内涵之间的区别，部落神话和它的形而上学意义之间的区别。因为当心灵之眼被唤醒，一种启示就从内在空间产生。但如果只满足感官从外部空间带给心灵的印象，这种结合就失去意义，除非外在形象被打开，以接受和体现基本观念。这也就是艺术中“自然转化”的全部意义。否则，什么都没有发生；一个外部事件仅仅被记录在案，宗教的结语是民族中心主义，是自然主义的结束和艺术的开始。

公元前4000年，在美索不达米亚出现了一次决定性的巨大飞跃，超越了所有局域历史和图景的界限。在金字塔兴起的时期，那些具有传奇色彩的庙宇寺塔象征着宇宙轴心（Axis mundi），在《圣经》中称为巴别塔。从地理到宇宙的飞跃，超越了月球，于是原始的、有限的部落思维方式（希伯来先知有意保留这种思维方式），被遗留下来的氏族文明所取代。那是文字、数学和轮子被发明的时期。当时，观察夜空的祭司是世界上第一个认识到太阳、月亮、水星、金星、火星、木星和土星这七个可见星球沿着天体轨道运行，并看出其数学规律的人。随着宇宙秩序的数学规律被发现，需要有一个类似祭司职能的管理者，将天国启示转化为人类文明的生活秩序。当时出现了等级、城市、国家的概念，国王和王后穿着象征性的礼服，与宫廷众人一起表演模仿天象的贵族哑剧，国王加冕为月亮或太阳，王后和宫廷成员则作为行星存在。他们认真对待这些寓言性的天象标记，以至于当天象出现时，常解释为一个时代的结束，国王、王后及宫廷成员被隆重地活埋。詹姆斯·弗雷泽爵士（Sir James G. Frazer）在《金枝》（12 卷本，1907—1915）一书中，收集了许多地方此类仪式的证据。从苏美尔、埃及到中国，都发现了活埋朝臣的案例。

对于这种宫廷式模仿的整体观念及其宏观和微观意义，可以从对这些仪式的历法神话来源和对天文周期的数学考察中获得。例如，在印度教的神圣史诗和《往世书》(*Purāṇas*）的古代民间叙事中，现在的时间周期是黑暗年代①，这个年代所属的“大循环”（mahāyuga）的年数是 43.2 万年。但有一天，当我读到冰岛史诗《埃达》时，我发现奥丁的勇士大厅瓦尔霍尔有 540 扇门，在“狼之日”（也就是在当前的时间周期结束时），每扇门都会有 800 名神勇战士经过，去与反派神展开一场相互歼灭的战斗。[8] 其中，$800 \times 540 = 432\ 000$，因此我问自己，在 10—13 世纪的冰岛，彼时的时间周期与印度的时间周期是一样的，这怎么可能呢？

然后，我忆起在古巴比伦有一位迦勒底祭司贝洛索斯（Berossos），他在公元前 280 年用希腊文记述了巴比伦的历史和神话，从第一座城市基什（Kish）的兴起到巴比伦神话中洪水降临（《圣经》中的“洪水故事”就取自这里），在过去的 43.2 万年中，有 10 位国王统治。寿命相当长！甚至比玛士撒拉（《创世记》5:27）的 969 年的历史还要长。

---

① Kālī Yuga，可译为黑暗年代或迦梨年代，Kālī 是一位女神，Yuga 就是瑜伽。在古印度《薄伽梵往世书》中，这是一个年代周期（mahāyuga）的第四年代，就是我们当今生活的时代，第四年代为期 43.2 万年，现已过去 5 000 年。——译者注

让我们转向《旧约》，数一数从亚当到诺亚的远古族长的数量，当然会发现数目是 10 个。多少年呢？亚当生塞特的时候是 130 岁，塞特生以挪士的时候是 105 岁，以此类推，到洪水来临的时候诺亚是 600 岁。从亚当被创造的第一天到诺亚洪水时期降下第一滴雨，总共 1 656 年。这跟 432 000 有关系吗？ 19 世纪杰出的犹太亚述学家朱利叶斯・奥佩尔（Julius Oppert）于 1877 年在哥廷根皇家科学学会发表了一篇关于“创世日期”[9] 的论文。该论文指出，在这 1 656 年中，有 86 400 个 7 天工作周。86 400 ÷ 2 = 43 200。

表 1-1

祖先（从亚当到诺亚）	生子年龄	享年
亚当（《创世记》5:3—5）	130	930
塞特（《创世记》5:6—8）	105	912
以挪士（《创世记》5:9—11）	90	905
该南（《创世记》5:12—14）	70	910
玛勒列（《创世记》5:15—17）	65	895
雅列（《创世记》5:18—20）	162	962
以诺（《创世记》5:21—24）	65	365
玛士撒拉（《创世记》5:25—27）	187	969
拉麦（《创世记》5:28—31）	182	767
诺亚（挪亚，《创世记》7:6）	洪水来临时有 600 岁	
合计	从创世到洪水，共计 1 656 年	

因此，在《创世记》中，似乎存在两种与洪水传说相关却相反的神学解释。一种源自古老的部落故事，讲的是造物主上帝：“耶和华见人在地上罪恶很大，终日所思想的尽都是恶。耶和华就后悔造人在地上，心中忧伤。耶和华说，我要将所造的人和走兽，并昆虫，以及空中的飞鸟，都从地上除灭，因为我造他们后悔了。”（《创世记》

6:5−7）。另一种与之相对，那就是隐秘的数字 86 400，这是一个非常隐秘的参考，指的是非犹太人、苏美尔巴比伦人客观的时间永恒循环的数学概念的宇宙学。宇宙及其族群正在形成，43 200（432 000 或 4 320 000）年一个周期，又融入宇宙的原始大海中，休息同等的时间之后再次循环，如此往复。人们会记得，犹太人从他们的都城被流放到巴比伦（公元前 586—前 539 年）已有 50 年之久，当时他们被迫接受巴比伦的影响。因此，希伯来洪水传说流行的公开版本，来自公元前 10 世纪左右的大卫王统治时期。除此之外，还有一个更大的、循环版本的大流散时期传说，在这个传说中，神自己会与他所属的宇宙一起产生和消失。《创世记》第 5 章的家谱日期也是如此，这些数据都是精心设计的，在洪水发生时加入了诺亚 600 岁的年龄，正好提供了 1656 年的总数。

而且需要注意 1+6+5+6=18，是 9 的两倍，而 4+3+2=9，“9”是在传统上与女神世界及诸神之母有关的数字。在印度，这位女神的一长串名字字母的数量是 108 个。1+0+8=9，而 108×4=432。在信仰罗马天主教的欧洲，当祈祷钟鸣响时（早上、中午和晚上）[①]，它会响 3+3+3 次，然后再响 9 次，以庆祝圣母受孕，怀胎救世主。在这时须得吟诵祷词：“主的使者向玛利亚宣告，玛利亚就因圣灵怀了孕……道成肉身……”这是为了在新世界、新时代开始之际使人认识到这一奇迹。在古希腊，缪斯女神是艺术的守护神，是谟涅摩叙涅（记忆女

① “祈祷钟”一词原文为拉丁文“Angelus”，也可译为“三钟经”。三钟经是天主教为追忆圣母领报和基督降生的经文，在教堂中于早晨 6 点、正午 12 点、傍晚 18 点三个时间鸣响祈祷钟，并念诵祈祷经文。由于“Angelus”（天使）一词是祈祷文的首词，故以此命名。——译者注

神）的女儿，记忆是想象力的源泉，而想象力又是时空领域艺术实现的原型、基本思想的载体。也就是说，传统上数字 9 与许多伟大女神（天女 Devī、伊南娜、伊什塔尔、阿斯塔特、阿耳忒弥斯、维纳斯等）的名字有关。数字 9 无论是在宏观世界还是微观表现领域，都是宇宙进程的基体。因此，一位只对满脸胡须的男神感兴趣的祭司压制女神形象的原因很容易猜测；但是，为什么同一批巫医在他们的文字中如此巧妙地隐藏了他们确信的女神力量，还有待解释。

人类时空秩序中有两个时钟，宇宙的终极时钟是二分点及岁差的天文运动，心灵的时钟则是人类心脏的生理跳动。通过这两个显然不相关的时钟，可以最好地欣赏被压抑的神话深刻性和崇高的庄严性。关于第一点：在黄道环线周围的春分点（例如，春分点从基督诞生前的白羊座，经过现在的双鱼座，到几百年后的水瓶座）缓慢向西运动，走完一个完整的十二星座周期正好需要 25 920 年，这个术语被称为“巨年”或“柏拉图年”。但如果我们将 25 920 除以 60（这是古代美索不达米亚的 soss 或天文测量的六十进制单位，至今仍用于测量时间或空间意义上的圆），商是 432。此外，2+5+9+2+0=18。

关于心灵时钟：我在一本关于体育的畅销书中读到，“一个有条件的人，经常锻炼，其静息心率大约为每分钟 60 次或更少……每分钟 60 次乘以 60 分钟，等于每小时 3 600 次，再乘以 24 小时，等于每天 86 400 次。”[10]

奇怪的是，在我们的历史书中，二分点、岁差的发现通常归功于公元前 2 世纪希腊的希帕克（Hipparchus），当时神秘数字 432（当其乘以 60 时会得出 25 920）已被用于计算该世纪之前的主要时间周期。其历史渊源有多久远已不得而知，但迦勒底祭司贝洛索斯是公元前 3 世纪早期的人，他所记述的神话据说来自公元前 539 年被波斯人征服之前的巴比伦。此外，巴比伦神话是在公元前 3000—前 2000 年的早期苏美尔神话基础上发展起来的；我们已知的最早的创世洪水神话来自苏美尔。如果说在苏美尔的金字塔里，祭司们已经在根据分点岁差来开展计算，这样的推测可能太大胆了。但我们有充分的理由相信，在古代某个未知时间，描述这些令人惊讶的、精确的数字洞察力的神话，是属于苏美尔人甚至可能是前苏美尔人的。因为到了公元前第三个千年的末期，从尼罗河流域、爱琴海到印度河流域，当时所有的文明都已经知道了它的存在。

夜空何其神秘，那些恒星之间缓慢而平稳移动的光，当我们以数学方式绘就其图形时，就像一条条神秘通道揭示宇宙的秩序。作为回应，这种夜空图景从人类想象的深处唤起了一种交互认识。一个宏大的概念将宇宙视为一个活生生的存在，就像一位伟大的母亲，在她的子宫里，广大世界中的万事万物，包括生命和死亡，都各归其位（图 1-1）。人体是这个宏观宇宙形态的复制品。因此，在整个过程中，有一种神秘的和谐普遍存在，这也是神话和相关仪式的作用。中国人对“道”的理解是从宏观和微观的视角发展而来的。印度教在所有方面都将“达摩”（sva-dharma，意为“美德法则”）的理念带入生活的每一个行为中，认为它符合一个人出生时的种姓法则。并且这不是社会发明，而是大自然赋予的，就像各物种的行为法则一样。sva-dharma 来自动词词根 dhṛi（持有、承受、支持）。因为通过完美地遵从达摩，就像各种动物、植物物种遵循它们的法则一样，也像太阳、月亮、行星和恒星遵循它们的法则一样，一个人支持着宇宙，同时得到宇宙的支持。因此，事实上，在现代西方世界，当医生测量病人的脉搏时，如果心跳是每分钟 60 次（12 小时 43 200 次），意味着这是一个健康运动员的脉搏，同时这符合他自己的本性和宇宙的节奏。医学的功用，某种程度上就像神话和仪式一样，使人类与自然秩序保持一致。①

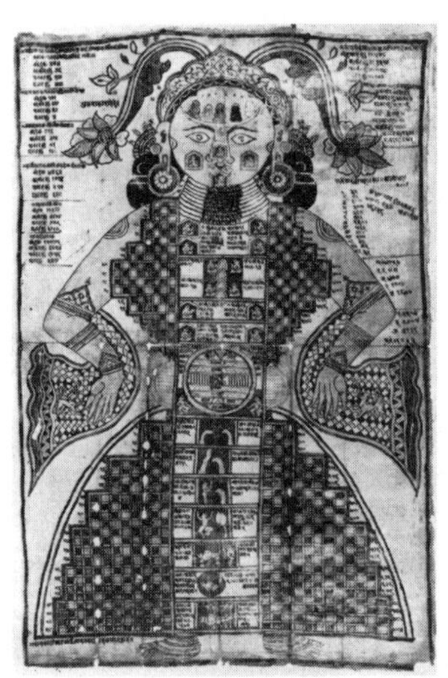

图 1-1 伟大的女神吉安娜（Jaina）（布面水粉，15 英寸 × 11 英寸，印度拉贾斯坦邦，18 世纪）

① 威尔逊体育用品实验室（Wilson Sporting Goods Laboratories）的工程师在测试带有 30 ～ 1212 个凹坑的高尔夫球时，计算机显示最佳的凹坑数为 432 个，这从微观上揭示了这个数字的神秘力量。事实上，专业人士发现，威尔逊 432 型高尔夫球可以将击球距离延长 10 ～ 13 码（1 码约合 91.44 厘米）或更多。

其腰部是地球的平面。下方是炼狱，上面是天堂，“灵魂”（jīvas）根据其生命状态在两个化身之间下降或上升。对于耆那教来说，“非伤害或非暴力”是决定性的美德，目的是提升，从而完全清除“行动”（业力）的冲动，从“轮回”（saṃsāra）中获得“解脱”（mokṣa）。如图 1-1 所示，在表示宇宙存在的眉毛上方，这种“解脱”和印度教、佛教中的无余涅槃不一样，在耆那教中，是在永恒的全知中被视为无条件的、孤立的完美状态。

摩诃毗罗（Mahāvīra，约公元前 599—前 527 年）是耆那教第 24 代祖师（jinas），为耆那教初祖，也是通往这一胜利之路的导师，他与佛陀（约公元前 563—前 483 年）是同时代的人。他命名了若干耆那教祖师，可以追溯到超越历史时间的纯粹神话时代。毫无疑问，早在印度文明时期（约公元前 2300—前 1750 年），印度就有一种朴素的瑜伽练习者，他们可能属于耆那教。参见图 2-3 和图 2-4。

也许有人会想，这已经足够好了！然而，西方文明就是从这里开始的。这是一场激进且极具影响力的道德抗议，反对不加批判地服从自然意志。在公元前第 1 个或第 2 个千年的某个时候，这种意志隐含在最终勃兴于波斯的神秘世界观中，也即查拉图斯特拉（希腊人称琐罗亚斯德）的二元宗教观。这位已知最早的先知，其明确区分善恶的思想与宇宙论、神秘主义的洞见形成鲜明对比。他的生卒日期存在争议，一些学者认为他大约生活在公元前 1200 年，而其他看法要比这晚 6 ～ 7 个世纪。在这两种情况下，他所宣扬的福音指的是光明、真理和正义之神阿胡拉·马兹达（Ahura Mazda），他是波斯万王之王大流士一世（公元前 521—前 486 年在位）所信奉的神。在大流士一世统治期间，他做的第一件事就是将犹太人送回耶路撒冷。琐罗亚斯德教的思维模式和语词套式被吸收到犹太教的法利赛派和苦修派中。这一问题在当代也有新证。例如，最近发现的名为《光明之子与黑暗之子的战争》的埃森死海古卷，是琐罗亚斯德的伦理二元论的经典实例。它与犹太部落认为自己是上帝唯一选民的观念相融合。作为“光明之子”，在时间的尽头，在一场整整 35 年的圣战中，每 7 年休息 1 年。他们将在上帝之手的及时帮助下，按计划阶段进攻，战胜地球上所有外邦民族及“黑暗之子”。[11]

根据查拉图斯特拉的说法，有两个造物主神——善良的神阿胡拉・马兹达代表光明、真理和正义，邪恶的神安格拉・曼纽（Angra Mainyu）代表黑暗、欺骗和恶意。一开始，阿胡拉・马兹达创造了一个美德和光明的宇宙，安格拉・曼纽随后恶意破坏了这个宇宙；所以我们生活的世界是善与恶的混合体。因此，人类不应该像古代和东方世界那样，把自己置于与自然相一致的地位，而应该为善而做决定，使自己与善相一致，为正义和光明而斗争，为正确的自然而斗争。

安格拉・曼纽的恶毒，使其创造的初代人祖迦约马特（Gayomart）的本性败坏。因此人是“堕落的人”，人的本性不可信赖。然而，伟大的先知查拉图斯特拉来到了这个世界，他们说，他是处女所生，他倡导了美德之道，最终使得阿胡拉・马兹达创造的未腐化宇宙得以恢复。在一场大决战中，光明和正义的力量，在先知查拉图斯特拉的后裔及光辉化身索希安特（Saoshyant）的带领下，将与安格拉・曼纽创造的世界交战，压倒并毁灭之，甚至连安格拉・曼纽本身也将被毁。宇宙将从黑暗中被清除，现在被清除的死者将被复活，焕发着洁净的生命光芒。

于是，一个全新的神话出现了：不是古代苏美尔–巴比伦式的思考，认为行星的消失和再现揭示了一种自然秩序，社会应遵循其启示；而是有关“善与恶”“光明与黑暗”的观念，甚至认为生与死是可分离的。有谶言宣称，自然秩序的正义将逐步复归。从前，行星的周期标记着晨昏、年月和永无止境的时间，现在有了一条世界历史演进的直线，有开始、中间和可预言的结束。这条线索对应着上述的迦约马特、查拉图斯特拉和索希安特，同时也对应后来的亚当、耶稣和基督复临（Second Coming，又译“第二次降临”）。从前，神话的理想是与整体相和谐，现在则充满歧路，是一个“我来并不是叫地上太平，乃是叫地上动刀兵”（《马太福音》10:34）的决定，是一种以普世改革为名的努力、斗争和热情。在波斯帝国，这种道德世界理想与作为“万王之王”的摄政王阿胡拉·马兹达本人的政治目标相一致。在基督教世界，通过某种精神传播——“上帝与我们同在”（GOTT MIT UNS）一直是战线两边所有国家军队的战争口号。

因此，西方共同的宗教帝国主义的冲动，如今正在重塑这个星球。

与此同时，人生存的环境在物理层面发生了某些精神上的重大变化。当然，首先是1543年哥白尼出版的《天球运行论》，当时日心说取代了上帝宇宙中心论；因此，尽管我们每天都能看到太阳从东方升起，中午高悬在天上，在西方光荣地落下，但我们的大脑现在所知道的却不是这样的。随着这一具有决定性意义的出版物出版，关于地球与外太空关系的公认概念与地球的日常经验永远分离。一个智力概念驳斥并取代了顽固的感官知觉。日心说从未被转译成神话。科学和宗教随之分崩离析。现在的情况就是这样，我们现在对这个恒星星系不可思议之规模的认识，使问题更加复杂。赋予我们生命的太阳只不过是其中的一个外围成员，在这个星系中，它的卫星在一个距离难以置信的空间内，在数百万颗恒星中旋转，没有固定的形状或终点。

“你没有听说过吗？”尼采在《查拉图斯特拉如是说》(1883—1884)的引言中问道，“你还没有听说上帝已经死了吗？”当然，上帝只不过是人类历史上有限的、在《圣经》中被命名和定义的创世神。因为自从《圣经》这本“真理与美德指南”编撰的几个世纪以来，人类的生活条件、思想条件都发生了很大变化。《圣经》故意压制和限制的民族中心主义视角和族群中“嫉妒的上帝”(《出埃及记》20:5)观念，本是一种人类文化的特性，其“民族观念”和“基本观念”不可分割地融合在一起。

神秘能实现的第一步是离开这样一个被定义的神去体验超越，将种族从基本观念中分离出来。因为，任何不甚明晰的“超越性”神祇都是偶像，其崇拜就是偶像崇拜。此外，参与今日人类命运进程的第一步，关心的不是“这个”民族的命运，也不是“那个”民族的命运，而是全世界人的命运。也就是说，承认每一个区域性的神祇形象都只是成千上万、数百万甚至可能数十亿中的一个。我们的导师教导我们，要在他们的神祇身上寻找那种看不见或意想不到的，但对当地人来说是神圣且有用的象征。《黑麋鹿如是说》中有一句话“中心无处不在”(center is everywhere)，与中世纪早期的一部炼金术著作《二十四哲学家之书》(*The Book of The Twenty-four Philosophers*)中的一句话相吻合："上帝是一个无限的球体，它的中心无处不在，而周围却没有任何空间。"[12] 在我看来，这一想法在那张从月球拍摄的令人惊叹的照片（图 1-2）中得到验证。这张照片现在经常被引用，照片中的地球缓缓升起，地球升起时像一个发光的天体，将光线洒在月球表面上。中心是指地球吗？中心是指月亮吗？中心在你喜欢的任何地方。此外，在人造地球卫星拍摄的照片中，上升的地球没有显示出那些在我们的地图上如此明显和重要的国界线。可供我们选择的"中心"可能在任何地方，但是"圣地"不是什么别的地方，正是每一个被世人认可和神话化为"家园"的地方。

此外，这种对形而上学的"中心无处不在"的理解，完全符合星系情形和迈克尔逊-莫雷实验的发现，这一发现集中体现在爱因斯坦对建立绝对静止的绝对不可能的描述中，这是相对论的本质。而且，当这一理论从天上转译到地上时，它意味着道德判断同样取决于参照系与被测量的人或行为的关系。"你们不要论断人，免得你们被论断。"（《马太福音》7:1）没有绝对的善或恶。因此，正如尼采所说，如果查拉图斯特拉今天回来，他传达的信息将不会是绝对的善与恶。他的第一次课是诚实正直，这一课我们已经学到了。当前这一课是超越善与恶，是生活。因为正如尼采本人所说："所有的理想都是危险的，因为它们诋毁和污名化了现实。它们是毒药，然而，作为偶尔的药物，它们是不可或缺的。"[13]

那么，从神话的角度来说，现在会发生什么？我们所有旧神祇都死了，新神祇还没有诞生。

图1-2 从月球上看地球升起（摄于1968年，阿波罗8号任务）

大约在5世纪，《梵转往世书》（*Brahmavaivarta Purāṇa*）中有一个中世纪的印度教故事，故事涉及吠陀雅利安部落的神因陀罗，他在印度神话中与近东的耶和华、古希腊的宙斯、亚述人的亚舒尔、赫梯人的塔伦等神对应。

这些都是各个游牧部落的守护神，在公元前第二个千年，这些部落从欧洲东南部、小亚细亚和近东不断入侵并控制耕地和神庙之城，一直到印度河流域。

入侵者信奉的神祇主要是男性战神，每一位都是本民族中头戴桂冠的神圣人物。相比之下，那些被入侵的农业领土，主要依靠地力和繁衍，其地方信仰形式在很大程度上体现为一位伟大的“多名号女神”（这些名号是经年累积下来的）。所有生物，甚至包括神和鬼，都是这位女神的后代。这种神祇体系是自然力量的区域化表现，自然力量确实是创造所有生命的能量。这种力量不是一天两天起作用，而是永远。每个有关无休止的时间循环的神话，在女神的存在秩序中无处不在。神秘的哲学和冥想法则也是如此，是内在的、个人的、对认同自身和世界存在基础的追求。与之形成根本性对比的是，社会学意义上的族群神祇具有次要的、地方性的历史定义和相关性。他们仅仅是宇宙浩瀚历史上的此人或彼人、此时或彼时。此外，他们栖居的不是（也永远不可能是）自然的内核，换言之，以一种内在的泛神论存在方式，作为其生活现实存于内心。作为守护者，他们总是从“外部”调用力量，为他们所喜欢的人和那些孤独的人提供支持，因为他们不是自然本身，而是人。因此，当这样一个次要的神，在某个历史时刻掌握了地球的某一部分，将自己提升到一种全能的姿态时，就像下面一个典型故事中的雅利安因陀罗，一个更高启示的时刻就在眼前。

地球似乎经历了一场灾难。一千年来，一条被称为 Vṛtra（布利陀罗，意为“封闭者”）的巨龙将世界上所有的生命之水吞没并保存在自己体内。人间种植的田地荒芜不堪，城市一片死寂，就连位于世界中心须弥山顶的众神之都也成了废墟。然后，恶魔的征服者、在吠陀雅利安众神中至高无上的因陀罗，将一道霹雳抛进了可怖的旋涡中，彻底粉碎了恶魔。海水自由奔腾，在陆地上成带状流淌，水再次在世界各地循环。

那是一场巨大的胜利。诸神、圣人和智者都知道这一点，他们从四面八方蜂拥而来，他们的心因喜悦而跳动，庆祝他们的胜利。因陀罗在荣耀中登上了须弥山顶。他到达山顶时看到了这场灾难造成的废墟，并把吠陀万神殿的建筑师和工匠毗首羯摩（Vishvakarman）叫到身边，委托他重建这座城市，使之配得上自己救世主的荣耀。而这位神奇的建造者在一年内就完成了任务。在那座神殿的中心，矗立着因陀罗神自己的王宫，那里有无数的宝石闪闪发光，有高塔、花园、湖泊和宫殿，无与伦比。但他当时对这座王宫并不满意，他还有其他想法：那里应有更多的湖泊和宫殿，应有一个非凡的花园！他对荣耀的憧憬不断扩大，使毗首羯摩感到了深深的绝望。他没有机会逃走，只能等着贪得无厌的雇主释放他。

因此，毗首羯摩心神不宁，偷偷地向创世大神梵天（Brahmā）寻求保护。梵天的法力远远超越了因陀罗这种历史上“暂时取胜”的神。梵天坐在一个梦幻宇宙般的发光莲座上，代表着他从沉睡的神毗湿奴（Viṣṇu）的肚脐上生长。从隐喻的角度来说，宇宙和它的创造者梵天是某种高级神性想象力的产物。毗湿奴坐在一条名为阿南塔（Ananta）的巨大七头眼镜蛇上，意思是“无穷无尽”。蛇漂浮在宇宙的银河上，这里是我们所有人的母体。它无穷无尽的能量产生了一种冲动，激发世界做梦者的梦境，并以宇宙的形式出现在时空中，那朵光芒四射的莲花，不仅是梵天，而且是任何一位神都可能在其上羽化登仙。这朵莲花在毗湿奴的梦中被拟人化为他的萨克蒂（śakti）。śakti 是一个表示“力量、能量”的术语，具体来说，是神的活力，拟人化为他的妻子。[14]

因此，当毗首羯摩在秘密祈祷中把请求传递给梵天时，莲座上的神回答说："哦，受祝福的人，你明天就要放弃你的任务了！"神从他的莲座上下来，来到了北海的毗湿奴住所，毗湿奴坐在阿南塔上，而毗首羯摩如释重负，平静地回到他的工作中。

在次日早晨，因陀罗宫殿的大门前出现了一群美丽的孩子，使因陀罗深深着迷，毗湿奴本人就化身为一个10岁蓝黑肤色的男孩，穿着白色的长袍，额头上画着明亮的宗教标记，一只手撑着阳伞，另一只手拿着法杖。他对门口的搬运工说："哦，搬运工，赶快告诉你的因陀罗，一位婆罗门来看他了。"搬运工立马照做了。当因陀罗出来迎接客人时，他看到了那个面带微笑的漂亮孩子，便高兴地邀请他进来。他献上蜂蜜、牛奶和水果欢迎他，然后问道："哦，可敬的孩子，请告诉我你来的目的。"

于是，那个可爱的孩子用轻柔而深沉的声音回答说："众神之王啊，我听说你正在建造的这座美妙的城市和宫殿，我想问你几个问题。你打算在这座宏伟的建筑上再花多少年？毗首羯摩还需要进一步设计怎样的工程壮举？啊，最伟大的众神之王，在你之前没有一位因陀罗建造过这样一个居所。"

因陀罗放声大笑，斟满了胜利的美酒。"我前面的因陀罗？"他说，"告诉我，孩子，这样的因陀罗或毗首羯摩，你见过多少个或者你听说过多少个？"

婆罗门男孩也笑了。"我的孩子，"毗湿奴回答道，他的话虽然温柔悦耳，却传来阵阵寒意，“我知道，迦叶（Kashyapa）是你的父亲，是个老龟人，是万有之祖；还有，你的祖父摩利支（Marichī）是一位圣人，他唯一的财富在于他的奉献；同样地，梵天是从毗湿奴的世界之脐诞下的后代；我知道，毗湿奴也是梵天的保护者。”

“众神之王啊，我目睹了宇宙可怕的解体，当一切甚至每一个原子，都融化成一个没有生命的瀚海。没人能说可能有多少个宇宙，或者每个宇宙中可能有多少个时代循环；有多少个梵天，有多少个毗湿奴，有多少个湿婆（Śiva）。众神之王啊，为你效劳的人认为，也许可以计算出地球上的沙粒或者天空中的雨滴，但没人能计算出所有的因陀罗。

“根据神圣的度量标准，一个因陀罗的生命和王权持续了 7 个劫；28 个因陀罗的劫数周期相当于梵天的一昼夜。梵天的寿命是 108 年，根据这个标准可得（108 × 4=432）。我的孩子啊，那些梵天是没有尽头的，更不用说因陀罗了。梵天跟随着梵天，一个下沉，下一个上升。任何人也无法估计在某一时刻同时出现的宇宙数量，每个宇宙都包含一个梵天、一个毗湿奴和一个湿婆。像精致的小船一样，它们漂浮在摩诃・毗湿奴（Mahā-Viṣṇu）身体中那深不可测的净水上。像伟大的毗湿奴身体的毛孔一样，这些宇宙是无尽的，每一个都有像你这样的神。”

在那个漂亮男孩说话的时候，一队蚂蚁排成了军队的队形出现在大厅的地板上。男孩看到它们时大笑起来，然后沉默不语，深深地陷入了自己的精神世界。因陀罗口干舌燥。“年轻的婆罗门，你为什么笑？”他问道，“你是谁，在这里伪装成一个男孩？在我看来，你似乎是美德之海，隐藏在迷雾中。”

漂亮的男孩接着说：“我笑是因为那些蚂蚁，原因是一个秘密，不要让我透露它。悲哀的种子及所有智慧的源泉，都隐藏在这个秘密中。它像一把斧头砍在虚荣之树的树根上；然而，对于那些在黑暗中摸索的人来说，它是一盏灯。即使是埋没在时代智慧中的圣人，我也很少透露给他们。这是精通《吠陀经》的苦行僧的鲜活气息，他们已经放弃并超越了自身死亡。但被骄傲和欲望所迷惑的傻瓜会被它摧毁。”

男孩沉默了下来，面带微笑。因陀罗动弹不得，口干舌燥，立刻谦卑地问道：“婆罗门的儿子啊，我不知道您是谁。您似乎是智慧的化身。向我揭示这个时代的秘密，这道驱散黑暗的光。”

欲行教导的毗湿奴，伪装成一个男孩，向神开启了一个隐藏的智慧，即使是瑜伽修行者也很少看到。“哦，因陀罗，”他说，“我们在长长的游行队伍中看到的那些行进中的蚂蚁，一队一队地经过，数不胜数：每一只以前都是因陀罗。像你一样，每一只都凭借无私的行为升到了众神之王的地位。但后来，充满了骄傲和自私的因陀罗，通过多次转生，又复归蚂蚁的状态。那是一支从前因陀罗的军队。”

“虔诚和无私的行为将地球上的居民提升到崇高的精神境界：将一个婆罗门、一个国王、一个因陀罗的状态，提升到一个梵天、一个毗湿奴、一个湿婆的天堂之境。但是，自私的行为将他们降到了下界，降到了悲伤和痛苦之间，通过鸟类和害虫重生，或从猪和野兽的子宫中转生，或转生成树木。行为是性格的一种表现，而性格又由习惯控制。这就是秘密的全部内容。这种知识是穿越地狱之海通往幸福的渡轮。

“因陀罗啊，因为这个世界上所有生命和无生命之物都是短暂的，就像梦境一样。天上的神、沉默的树和石头，都只是幻想中的泡影。附在一个人身上的善和恶就像泡泡一样易逝。在时间的轮回中，它们交替着。若是智者，则两者都不依附。”

一位老瑜伽行者进来时，那个漂亮男孩正在说话。老瑜伽行者的头上堆着高高的乱蓬蓬的头发，腰上裹着一块黑鹿皮，前额上画着白色的宗教标记。他的胸前有一圈奇怪的毛发，从四周看完好无损，但从中央看，许多毛发都不见了。他头上举着一把草伞。他直接走到因陀罗和男孩之间，像一块石头一样坐在地板上。

此时，伟大而光荣的因陀罗恢复了国王的身份，他向严厉的客人鞠躬，并向他提供点心、蜂蜜、牛奶和水果，对他表示欢迎；于是，男孩恭敬地问起了国王要问的问题。

“哦，圣人，”他说，“你从哪里来？你叫什么名字？是什么把你带到这里的？你现在的家在哪里？你头上的草伞是什么意思？你胸前那团圆形的发束是什么预兆？为什么它的周边很密，但中心几乎是光秃秃的？圣人啊，请仁慈地回答这些问题。我很想听。”

老圣人耐心地微笑着，慢慢地开始回答："年轻的婆罗门啊，我的名字就叫毛发（Hairy）。我来这里是为了看因陀罗。因为我知道我的生命是短暂的，所以我决定不拥有自己的房子，不结婚，也不劳动。目前，乞讨是我的生计，为了保护自己不受雨淋和阳光的伤害，我把这把阳伞举在头上。但是关于我胸前的这圈毛发，对这个世界的孩子来说，它是恐惧的源泉，同时也是智慧的源泉。随着因陀罗的坠落，一根毛发掉了下来。这就是为什么中心的毛发都不见了。当把剩余的分配给现在梵天时，时间将结束，我自己也会死。哦，婆罗门的孩子，我的日子不多了。为什么要有房子、妻子或儿子呢？"

"当毗湿奴的每一次眨眼都标志着一个梵天逝去时，一切必然都是虚无缥缈的，就像一朵正在形成和消散的云。因此，我将自己投身专注冥想毗湿奴的永恒莲足。在超凡的毗湿奴中安息不仅仅是因为救赎，也因为每一种快乐，甚至天堂般的幸福。这种安息像梦境一样脆弱，只会干扰对至高无上的专注。"

"赐予和平的最高精神导师湿婆，教会了我这种智慧。"老人消失时说。男孩也失踪了。国王因陀罗独自一人坐着，虽然困惑但放松。[15]

THE INNER REACHES OF OUTER SPACE

02

神话与宗教的隐喻意义

从普世观念看，神话或许可以被简单定义为“他人的宗教”，相对应地，宗教可以被定义为“遭误解的神话学”。其被误解之处在于，将神话的隐喻解释为确凿的事实。

问题的提出

从普世观念看，神话或许可以被简单定义为“他人的宗教”，相对应地，宗教可以被定义为“遭误解的神话学”。其被误解之处在于，将神话的隐喻解释为确凿的事实。例如，“贞女生育”被解释为某种生物异常；“乐土”被解释为上帝的选民在近东定居下来的一块土地，这其中“上帝”一词被理解成一个尽管看不见摸不着，但实际存在的男性形象，他创造了宇宙，并且至今居住在同样看不见摸不着，但实际存在的天堂。“义人”[①]死后，灵魂去往天堂接受审判，在那里，灵魂与他们复活的身体结合，人们将永生，直到时间的尽头。

从理性或真理的角度来说，一个现代人的头脑里怎么能产生这样的想法？明摆着是胡说八道。

神话和梦境一样，是人类想象力的产物。所以，神话形象也和梦

① 原文为“justified”，基督教术语，意为“遵循神道者”。——译者注

境的形象一样，虽然来源于物质世界及其假定的历史，但它们揭露的是人们内心最深处的希望、欲望和恐惧，是人类意志的潜力与矛盾。而人类的意志在身体各种器官的能量驱动下，以不同的方式运作，既有相互对抗，也有协调一致。也就是说，每一个神话，都有意无意地反映心理的象征。因此，神话的叙述和形象不是字面意思的，而是隐喻意义的。

一般来说，人们不会把梦和起源联系起来，却会把神话与自然界以及区域的艺术、律法和习俗起源问题等联系在一起。在这一观点下，物质被理解为形而上的基于一个超越时空的梦幻般的神话王国，因为这个王国在物理意义上无法被看见，所以只能通过心灵去认知。正如梦的虚幻形态乃从个人意志的形成基础中产生一样，客观事物的所有流逝形态（根据这种思维方式）都来自一个普遍的形态发生基础，该基础通过神话的形象让人明了。

这些神话形象是“祖先的样子”，是虚幻的原型，所有肉眼可见的客观事物都被视为这些本体能量的短暂凝结物。工具、住宅和武器的传统形式在这种永恒模型中得以确证。仪式则是他们维系生活图式的直接体现。神庙和神话叙事是与世隔绝的领域，那些被视为诸神和女神、恶魔、天使、半神、化身的幻象，代表着区域意识旋涡中公认的典范人格，当地生活的方方面面都是从中衍生出来的。因此，神话形象具有表现力，而梦的形象通常没有。神话形象通常回应的是一系列大众普遍的关切。在幻象中，心灵可以扩展到宇宙的精神范畴，就像萨满和神秘主义者在迷狂状态下所感受到的那样。因为塑造自然界的能量和在人体器官之间运作的能量其实是一样的。然而，正如《歌者奥义书》① 中所指出的："正如那些一次次经过隐藏黄金宝藏之地却毫无察觉的人一样，这个世界上所有的生灵每天都进入梵天之界（在沉睡中）却对此浑然不觉，因为他们被虚妄的观念分散了注意力。"[1]

正确解读神话的第一个显著功能就是让大脑明辨是非，摆脱对虚妄观念天真的固执，这些虚妄观念是作为物的自有的物质特征。所以说，神话形象是隐喻的（梦通常不是这样），同时承载了心理学和形而上学两方面的意义。通过这种双重聚焦，任何属于区域的社会秩序、环境或是假定历史的重要心理特征，都可以通过神话转化为一种一目了然的超越启示。

康德已经为这种双重解释提供了一种非常简单的公式，见于他的《任何一种能够作为科学出现的未来形而上学导论》第 57 ～ 58 段。他提供了一个四项类比（a 之于 b 正如 c 之于 x），其所指的不是两个事物之间不完美的相似，而是完全不同的事物在这两种关系上完美的相似（"它不像我们一般对'类比'这个词所理解的那样，指两个东西之间的不完全相似，而是指完全不相似的东西之间的两种关系的完全相似而言的。"②）：不是 a 有点像 b，而是 a 与 b 的关系就好比是 c 与 x 的关系，这其中 x 代表一个不仅是未知的，而且是完全不可知的量——也就是说，是形而上学的。

---

① 古印度晚期吠陀梵文圣典。——译者注

② 中译文采纳康德：《任何一种能够作为科学出现的未来形而上学导论》，庞景仁译，商务印书馆，2017，第 148 页。——译者注

康德用两个例子说明了这个公式：

> 正如助力子女的幸福（a）与父母的爱（b）相关，同样地，提升人类的福祉（c）也与我们所谓的上帝的爱（x）相关，这其中上帝的爱是未知的；
>
> 最高的因果律（x）是关于世界（c）的，就如同人类的理性（b）是关于人类艺术作品（a）的。

这些命题中的第一层属于神话秩序，直达内心；第二层属于哲学范畴，吸引头脑。康德对后者的含义做了如下讨论：

> 因为我们在这里考虑的只是世界上到处都遇得到的理性形式的原因，而我们把理性加给至上存在体，这是就其包含世界的理性形式的根据来说的，并且完全是按照类比，也就是说，完全是就“类比”这一词所指出的我们所不知的至上原因对世界的关系来说的，以便在世界中得以最高度合乎理性地规定一切东西。[①][2]

的确，正如康德所说的，作为产生某种结果的先决条件的诱因是一个理性的概念，与现象发生的时间场中的物理观察有关并为其所证实，故而它通过一个不精确的类比，先验地应用于永恒（作为首要原因）与瞬间（作为创造的结果）之间的假定关系。因为时间的效应显示其“有效”的原因是时间，但又因从来没有一个时间不是时间，所

---

① 中译文采纳康德：《任何一种能够作为科学出现的未来形而上学导论》，庞景仁译，商务印书馆，2017，第150页。——译者注

以永恒与时间的“形态发生”关系不应被认为是连续的。此外，根据定义，永恒超越了时间，超越了一切范畴，无论是美德还是理性（存在与非存在，统一与多元，爱与正义，宽恕与愤怒），“上帝”这个术语和概念本身都只是一个对未知心灵的含蓄隐喻，它不仅超越自身，而且超越思想。因此，所有关于它的说法，无论是作为时间还是永恒，都在哲学和神学的意义上（正如康德方才所示）是某种“好像”（als ob），通过类比首要原因的理性和神话两方面的推断（如康德早先所举例子），能够清楚地看到心理情感形象的超越。[3]

例如，在主祷文的第一句祷告（“我们在天上的父亲”……）中，“我们的父亲”是隐喻，因为事实上其所指对象并不是男性家长，甚至也不是人类；然而，它的重要性体现在心理上。这一短语揭示了一种人类情感的关系和系统，比如孩子对父母的情感，同时也是一种明显的、超越的或形而上的内涵。因为隐喻的父辈不属于这个地球，因此也就不属于时间和空间，而是属于永恒。在“天堂”，这是我们在形态发生领域的流行术语。

同样的祈祷也可以写成“我们在地球内部或地下的母亲”，事实上，很多宗教首选“就像孩子对母亲一样”和“让孩子信任母亲”作为表述，这样的宗教以后可能会更多。这种精神态度所引发的情感导致世界各地风俗、艺术、崇拜方式的出现，与形而上的“父亲”的隐喻性“孩子”的出现截然不同。

在流传甚广的历史惨剧中，区域神话形象不是被解释为隐喻，而是被解释为事实，在这种相反的隐喻表达方式下，双方之间爆发了激烈的斗争。今天（1984—1985 年），在曾经迷人的小城贝鲁特，三种不同宗教派别的狂热分子在互相攻击，甚至同样把“上帝”这一概念看作父亲的狂热者们，都朝彼此扔着炸弹。

人们不禁要问：对于本世纪（20 世纪）这样一个跨文化的、全球前景的世界来说，这样的部落写实主义，除了痛苦还能带来什么呢？这一切都源于对隐喻的误读，把外延当内涵，把载体当信息；结果就是用情感化的意义使信息载体过载，使生活和思想失去平衡。对此，迄今为止唯一被普遍认可的纠正措施竟然也是错误的，那就是将隐喻视为谎言（如果这样理解的话，它们的确是谎言），这样一来，将人类的趣味拔高至超越生育、经济和“绝大多数人的最大利益”的地位的词典（这是一个隐喻），便也被废弃了。

我是不是听见了不知道从哪里传来的奥林匹亚人可怕的笑声？

事实的隐喻和隐喻的事实

在西方和东方的高级文明中，从青铜时代继承下来的，最广为人知的和（以往）被普遍理解的象征符号，就是太阳和月亮。后来，月亮摆脱了它的阴影得以重生，意味着生命的力量，被归入时间的领域，以摆脱死亡——也就是说，生命的力量体现在我们每个人身上是超越了肉体欲望的。太阳光是不会被遮蔽的，它被看作不受时间约束的意识的光和能量，是卓越而永恒的。

在分布着这些符号的语境中，一个月亮周期被类比为人的一生，第 15 个夜晚，也就是月圆之夜，等同于成年人的 35 岁（以 70 岁作为人类寿命的标准）。在那个特殊夜晚的某个时刻，月亮从地平线冉冉升起，面对着世界，面对着在另一边地平线落下的太阳。[4] 在一年当中的特定月份，太阳和月亮在这一时刻完美平衡，有着同样的亮度和大小。这种对峙被比作人生的中年，此时人可能会突然地或者逐渐地感知头脑里的意识之光，这与太阳的典型隐喻相同。因此，如果人们准备好了要去见证这一时刻，那么接下来将是一个自我认同的转移，从世俗的、反射体的认同转向太阳般的外部的渊源，然后一个人就知道自己和什么是同体的，不属于时空，但属于宇宙，并且与超越死亡的存在是同质的，化生于万物之中无处不在，永恒存在。正如《奥义书》所写："汝即彼（*tat tvam asi*）。"[5]

这是"贞女生育"隐喻中所隐含的意识，此时理想在头脑和心灵中被想象成真实的生活，不是为了生存、后代、繁荣和一点点乐趣的物质基础和生理需要，而是为了形而上学的目的，试图去超越历史上存在的价值观。因此，"我的王国不属于这个世界"（《约翰福音》18:36），完全献身于伟大事业的英雄人物和传奇人物，也同样可能出现在民间关于"贞女生育"的记忆当中。这种母题在美洲印第安人的传说中很常见。希腊神话中，宙斯诞下的英雄数不胜数。即使在《圣经·旧约全书》中，撒拉 90 岁孕育以撒，也暗示了这种母题，只是做了修改（《创世记》：17：16-19，18：9-15，21：1-2）；另外一个几乎掩盖不住的暗示在参孙诞生一章（《士师记》13）。

在基督教产生的最初 5 个世纪里，有个问题一直没有得到解答：玛利亚到底是不是仅仅正常地生了一个儿子，在约旦河受洗时，这个孩子得到了上帝的恩赐？“他看见天开了，圣灵像鸽子降在他身上，有声音从天上来，说，你是我的爱子，我喜悦你。”（《马太福音》1：11）。431 年，在以弗所（当时这座城市拥有近东最大的神庙，供奉着许多伟大女神，包括：阿耳忒弥斯、伊什塔、阿斯塔特、阿纳希特、阿佛洛狄忒、伊希斯等）举行的教会会议上，历史上耶稣的生身之母玛利亚，被权威宣布为字面意义上的 Theotókos（上帝的孕育者，上帝的母亲）。

君士坦丁堡的主教聂斯托里（Nestorius）因拒绝接受这个具体的比喻，被流放到埃及沙漠，最后死在那里。然而，相当数量的基督教团体（主要是小亚细亚和印度的）也拒绝接受这一比喻，他们移民到波斯，在那里建立起了“聂斯托里”传统的根据地。到了 10 世纪末，这一传统已经成为中亚和东亚代表性的基督教教派，并随着商旅的队伍传入中国。在东方，著名的“贞女生育”的神话隐喻并没有在这种情况下被视为一个有物理意义的事实。

此外，耶稣受难的历史事实在整个基督教的历史上被看作是“救赎”的媒介，这个术语（“救赎”）则有多种不同的解释。当然了，创世神话中人类因偷吃伊甸园树上的苹果而堕落（《创世记》3），“上帝之子”耶稣被钉在十字架上牺牲了自己，人类因此得到救赎（《马太福音》27：33-54；《马可福音》15：22-39；《路加福音》23：33-49；《约翰福音》19：17-30）。由于神话中的堕落已经被历史化，被视为发生在公元前4004年或公元前3760年的远古事实，耶稣于公元30年历史性的受难，则被视为是对人类那次堕落的补偿。其结果是，历史与神迹相交融的魅力是如此令人着迷，以至于隐喻符号的心理学与形而上学内涵都被悲悯的力量所掩盖。

然而，如果用比较神话学的方式冷静地分析，则很容易从叙事中揭示它的原型启示。《圣经》中“堕落”的神话主题只是诸多天地分离神话主题中的一个变体，在这里，一种容易理解的“存在”意识影响着世界时间形态的所有变化，这种意识在某种程度、某些时刻迷失了，独留人类的头脑与精神被困在现象当中。而灵魂救赎，耶稣拯救世人和人与上帝合二为一这些关于救赎的隐喻，仅仅意味着恢复头脑中被欺骗的最初直觉，即对永恒生命之时间特征的认同。例如，在近来发现的诺斯替派的《托马斯福音》中，记载了基督的一句话：“劈开木头，我就在那里；举起石头，我就在那里。”（箴言77：26-27）[6]或者是“天父的国度在大地上蔓延，而人类看不见它。”（箴言113：17）[7]相关的梵文术语分别是*māyā*，意为“妄想的形成力量”，以及*bodhi*，意为“光明”。

以这种方法对《旧约》中的“乐土”母题进行比较解读，消除了其种族联系，展示了世界许多地方已知的神话原型在区域的变体，这一母题的含义与“神授”的含义完全不同，后者是用武力征服并占领近东地区已经人口稠密的土地。中世纪晚期，关于人间天堂的想法是同一主题的变体，代表一种精神领域或心灵状态，其中，现象被认为是超越的启示。北美洲西南部的纳瓦霍人用他们的神话对应地识别了他们所居住的壮美沙漠中的每一个特征：丛林狼、各种各样的山川、河流、青蛙、蛇、彩虹、蜘蛛、红蚂蚁、蜻蜓，等等——因此，无论他们去了哪里，无论看到什么，都能从心灵中获得支持他们的力量。同样的，9 世纪，生活在荒凉的冰岛上的挪威人，将这片原始景观神话化。地名化（Land náma，意为“宣示主权或占有土地”）是他们将一个地域神圣化的专业术语，他们将冰岛转化为一块在心理和形而上学上具有象征意义的圣地。[8] 公元前 13 世纪前后，吠陀雅利安人进入印度，同样对印度河流域和恒河平原的景观进行神话化。[9] 我们刚才听到：“天父的国度在大地上蔓延，而人类看不见它。”地名化手段，用普遍使用的神话化的方法，让人们用心灵之眼看到这个容易理解的王国。因此，“乐土”显然是神话虚构的景观，而获得这样一块土地的方法，不是通过乏味的身体动作，而是用智慧和艺术的方法诗意地获得；所以人类应该同时住在两个世界里，一个是被照亮的月亮的世界，另一个是照亮他者的太阳的世界。

所以，一年一度的复活节被安排在春分之后第一个满月的周末，让人们回想起青铜时代那第 15 个有着象征性隐喻含义的夜晚，那一晚，月亮被完全照亮，可以比肩太阳的光辉。根据传说，耶稣受难时大约 35 岁，释迦牟尼坐在菩提树下悟道时也是 35 岁。这 3 个隐喻都是高度神秘体验的替代符号，在这样的体验中，不朽的存在被赋予凡人的外表；还有一个历史性的隐喻是“世界末日”。

心理转型的隐喻

在正常人的一生中，身体重要能量的发生要经过显著的转变。在印度瑜伽心理学派的象形词汇中，这种转变是由“脉轮”（发音为chakras，意思是“圆圈，轮子”）独立能量中枢控制的，也被称为padmā（“莲花”）。它们被描绘为沿着一条无形的精神中枢，或者是一条被叫作sushumnā（无上的幸福，充盈的幸福）的上升之梯排列[10]（图2-1）。脉轮中的第一级，同时也是最低的一级，位于肛门和生殖器之间，叫作“海底轮”（mūlādhāra，意为“根部”），是婴幼儿时期维系简单和最初生命动力的中心。在这个阶段，身体的当务之急是进食和吸收，正如我们在引言中所提到的，这是所有动物生命的前提，只有吃，才能生存。第二个生物能量站叫“脐轮”（svādhishṭhāna，意为“自身的或特别的能量储存位置”），与性有关，在青春期时被唤醒。第三个是“腹轮”（maṇipūra，意为“闪亮的宝石之城”），在肚脐的位置，代表对力量、驾驭和控制的意志。从其健康积极的方面来说，是一种对承担责任的自豪感；但在其病态和消极的方面，表现为贪婪地想要击败、掠夺和征服，并试图把力所能及范围内的所有事物和人都变成自己的同类或据为己有。

根据这一瑜伽心理学派的顺序表，在正常人的一生中，从这3个脉轮产生的生理冲动会随着身体在35岁前的发育自然而然地相继成熟，有且只有这些生理冲动为历史上的人提供了动机，不仅带来了有效的道德体系，也带来了世界历史的噩梦。

人类和动物共有的基本欲望有几个中心：（1）靠捕食其他生物来生存；（2）繁衍后代；（3）击败和征服。20世纪的历史确定无疑地告诉我们，如果不受任何控制系统的约束，它们就会带领人类走向毁灭。印度的《政事论》（*Artha Śāstra*）是一本有关“获胜的艺术”的手册。其中说道：“当不受美德和棍棒控制时，人就变成了狼。”

在瑜伽中，要实现将人类意志提升到超越兽性这一目标，靠的不是盆骨区域的觉醒，而是“轮”（cakrạ，又译为“查克拉”，见图2-1注解第4条）的觉醒，并且与心脏有关。这个能量转换中心的名字叫心轮（anāhata），它有一个奇怪的意思“不撞击”，意为“不通过任何两个东西的碰撞而发出声音”。因为人的耳朵听到的每一个声音都是通过物体摩擦或碰撞发出的。例如，人发出的声音是通过声带振动产生的。但有一个声音不是这样发出的，那就是大音，或者说是声明学意义上创造能量的嗡嗡声，事物就是这些能量的表现或显现。在一个可感知的形式之下，这种创世大音带来的直观认知就是打开了爱的大门。以前的“它”带着生动的创世大音变成了“你”。

图 2-1 瑜伽莲花坐姿

该图描绘出微妙的莲花中心沿着微妙的脊柱神经或通道的分布情况。两条交错的侧神经 iḍā（深色部分）和 piṅgalā（浅色部分）分别携带左鼻孔和右鼻孔的呼吸到达最下方的中心，由此进入通道。

每一朵莲花都有一个特殊的音节，并具有象征意义：

1. 海底轮（位于肛门和生殖器之间），属土元素，图案是四个深红色的花瓣，里面有一个黄色的长方形，带有音节“lam”的符号。

2. 脐轮（生殖器区域），属水元素，图案是 6 个朱红花瓣，里面白色的区域有一个新月和音节“vam”的符号。

3. 腹轮（肚脐区域），属火元素，图案是 10 个烟紫色的花瓣和一个火红的三角形，对应音节“ram”。位于最下面的这 3 个中心是基本身体能量和欲望的中心。

4. 心轮（心脏区域），属空气元素（prāṇa，即“呼吸，精神”），图案是 12 个红色花瓣，内部是由两个对立的三角形组成的六角星，一个向下，另一个向上。花瓣内部是金色的 Liṅgam-yonī 系统，代表一种微妙的精神狂喜，对应的音节是“yam”。就在这朵灵性诞生的莲花下方，有一个由八片花瓣组成的小中心，是人们“选择的守护神”（ishta-devatā）的冥想通道。在那里，“愿望实现树”（kalpataru）被设置在一个珠宝祭坛（maṇipītha）上。

位于最上面的 3 个中心是日益升华的精神实现：

5. 喉轮（喉部区域），属空间元素（ākāsa，通常译为“天空”），图案是 16 个烟紫色的花瓣（和腹轮的颜色一样），里面有一个白色的三角形（需要说明，在腹轮中它是红色的），与音节“ham”呼应。这是精神力量的中心，它指向第 6 个中心眉轮。

6. 眉轮（位于前额，在两眼之间略靠上的位置：对应图 1–1 女神吉安娜的位置，“胜利者”）。这里的莲花有两片花瓣，皎洁如月，象征一种女神或有形神的至高形象，对应的音节是“OM”。

7. 顶轮，是最后一个，也是最高的中心，图案由千瓣莲花组成，倒置在整个头顶上，代表一种狂喜，它超越一切以名字或形式为人所知的神灵。

这是神话学看待事物的一种方式，在第 3 章我们将进行讨论，我把它称为“艺术之道”：一种对新世界（应许之地）和精神生活（贞女生育）的觉醒或隐喻。通过自然的方法，人可以时不时地瞥见光中的世界——在骨盆的生物能量及其带来的生理冲动成熟之后，人将从大而化之的物种规则中释放，开启作为一个独立个体的生活（一小段时间，比如说在大约 35 岁之后）。瑜伽和虔诚的宗教训练是为了促进和确保这种启示能够实现。然而，每一部战争与和平的编年史都无可辩驳地证明，仅凭人类历史上的这些宗教，根本没有能力打开教众的心灵，没有能力让他们超越自己的视野。在这个历史性的时刻是很不幸的，因为（这里重复一下我在引言中的论点）现在地球上的人们正在形成一个整体，实际上，已经没有更多的视野可以投射到外族人身上，让他们感受上帝不好的产物——人类的恶意。显然，在今天，甚至是一神论者都必须认真对待基督的这句话，“只是我告诉你们，要爱你们的仇敌”（《马太福音》5：44）。

在瑜伽行者莲花梯的意象中，性格的转变是生活在转变世界中的先决条件。这一意象由脉轮的第 5、第 6、第 7 轮组成，属于头脑的区域，以追求超越身体感官为目的。第 5 个脉轮喉轮（viśuddha 意为“净化、澄清、完全纯净”），如图 2-1 所示在喉部位置（抽象语言的所在地），它要完成的工作是澄清意识。布莱克在其引用格言的结尾写道：“如果感知之门被净化，那么在人类看来，一切事物都是无限的。”达到这一目的所需要的方法叫作能量转换，简单来说就是运用一切腹轮可用的恶意和攻击性，向内矫正自己，而非向外矫正世界。正如耶稣的思想：不是除掉你弟兄眼中的刺，而是先去掉自己眼中的梁木，然后才能看得清楚（《马太福音》7：3-5，有删节）。这一意象在印度图画中的比喻：一个愤怒的神以恶魔的形式出现，戴着用断头做成的项链，穿着用断臂断腿做成的短裙，挥舞着武器，把人踩在脚下。这个恶魔是一种冲动和自我攻击的表现，脚下被征服的人代表着对肉体欲望的依恋和对肉体死亡的恐惧。

接下来是莲花系列里最后的两个提升阶段，是体验“神”的两种方式：“有形”或“无形”。莲花的第 6 个脉轮即眉轮（ājñā，意为“权威、秩序、无限的权力、命令”）位于头部，在眼睛的上方、后方和中间。这里有“神”的光辉形象。第 7 个脉轮即顶轮（sahasrāra，千瓣莲花），被描绘成一个倒置戴在头顶上的花冠，“明亮得像一千万个太阳”。在顶轮所见的标志性形象和心灵都消融在熊熊的火焰中，既有无形之火，也有有形之火。

在一篇名为“解脱”的布道词中，多明我会①神秘主义者梅斯特·埃克哈特（Meister Eckhart）称：“人类最后也是最高的告别，是把神留给神。”[11] 据报道，印度教改革家罗摩克里希纳（Rāmakrishna，1836—1886）说过：“在破晓时分，他（神）消失在他秘密房间里。”[12] 但丁在他诗歌的终章里，从隐喻的层面描述了他自己精神视野的提升，从地狱、炼狱和天堂中，在永恒的光辉里看到的至福直观（Beatific Vision），宣示了在那光辉的深远存在之中，除了上帝的“三位一体”的形象之外，还出现了三个大小相同、颜色不同的圆圈。“我希望看到，”他说，“图像是如何与圆圈相符合，以及它如何在圆圈中占有一席之地的。但我自己的胳膊力所不及，除了我的心灵被某个闪现的愿望击中。”[13]

印度密宗有句谚语：“能够被崇拜的神只有一个。”一个人所崇拜的神，是一个人的内心状态的功利性体现，但同时它也是个人文化的产物。天主教修女想象不出佛，尼姑也想象不出基督。不可避免的是，任何神灵的形象，无论是在天堂还是在眉轮，都是一种历史条件下的本地民族观念，这是一种隐喻，并且被认为是超脱的。因此，无论是出于简单的信仰，还是出于圣洁的愿景、固守名称和形式，都要

① 多明我会（Dominican Order），亦称“多米尼克派”，是天主教托钵修会的主要派别之一，1215 年由西班牙人多明我创立。——译者注

牢记历史上的束缚并依附于外表。

在瑜伽的词汇表中有两种实现模式，在第 6 脉轮和第 7 脉轮，分别被称为“有资格的梵咒”（saguṇa brahman）和“无资格的梵咒”（nirguṇa brahman），而冥想的两个相关顺序分别是“有差别的禅修”（savikalpa samādhi）和“无差别的禅修”（nirvikalpa samādhi）。但是，罗摩克里希纳在讨论后者时说：“这是一条极其艰难的道路。对追随它的人来说，即使是世间的神圣表演也会变得像一场梦，显得不真实；他的‘我’也消失了。这条道路的追随者不接受神的化身。这真的是一条非常艰难的道路。神的信徒不应该听太多这样的理由。”[14]

阈限数值

因此，从时间通往永恒的门口，实际上是神话隐喻的参考阈限。根据罗摩克里希纳的说法，无止境的瑜伽方式是在超越中失去自我，继而与世界融为一体；这个过程就是一直追随所崇拜偶像的形而上内涵，直至其终结，并完全脱离偶像的心理控制，直至丧失灵魂本身。然而，更温和、适当、虔诚的方式是对偶像保持忠诚的爱。因为，一开始这两个世界是同时存在的：它们的形象在对人类吸引力中的外延是暂时的，而其内涵则通向永恒。

一天晚上，罗摩克里希纳对他的朋友们说：“从前，一个乞僧

（sannyāsī）进入加甘斯神庙（Jagganāth）。他看着圣像，内心在神是有形的还是无形的之间挣扎。他把拐杖从左手递到右手，看看能否触摸到神的形象。棍子什么也没碰到。他明白了，在他面前没有任何偶像；于是他断定神是无形的。接下来他把拐杖从右手递到左手，这次触碰到了。因此乞僧又认为神是有形的。最终他意识到，神是有形的，同时也是无形的。”[15]

罗摩克里希纳继续说道：

> 婆罗门，存在、知识、极乐这些东西是绝对的。就像无涯的海洋，在极度寒冷的海洋里，到处都能看见冰块。像冰块在气温变冷时形成一样，在信徒的虔诚（bhakti）影响下，“无限”将自身转化为“有限”，并以神的形式出现在信徒面前。也就是说，神向他的信徒显示他的化身。当太阳再一次升起时，海里的冰融化，因此在知识觉醒时（jñāna），神的化身也会融化，返回无限无形的婆罗门……所以人们把上帝的爱比作冷月的清辉，把知识比作骄阳的光芒。[16]

就瑜伽莲花梯的提升而言，任何崇拜有形之神的信徒，必定以永远安息于一个永恒天堂（就如在第 6 脉轮）为终极目标，在被敬拜的偶像面前“品尝极乐的甘美果汁”。然而，一个满怀抱负的神秘主义者，将尽一切努力，在太阳的普照下，穿过并超越月亮般的反射图像，直至灭绝（在第 7 脉轮）。罗摩克里希纳说：“在那种状态下，理性完全停止了，人变成了哑巴……一个盐偶人曾经去测量海洋的深度……它一进入海洋就溶化了。现在谁来告诉我们海洋的深度呢？”[17]

然而，还有第三种立场，典型的例子是大乘佛教中完美的菩萨。其“存在或本性”（sattva）就是“开悟 / 菩提”（bodhi），怀着对其信徒们无尽的“慈悲”（karuṇā），或者留下，或者回到苦难的世界去教导信徒。罗摩克里希纳本人、受难的耶稣都是这样的人。圣保罗在给腓立比使徒的书信中写道：“他本有神的形象，不以自己与[18]神同等为强夺的。反倒虚己，取了奴仆的形象，成为人的样式。既有人的样子，就自己卑微，存心顺服，以至于死，且死在十字架上。”（《腓立比书》2：6-8）

在阿尔布雷特·丢勒①的木版画《基督大难》（图 2-2）中，太阳和月亮出现在左上角和右上角。这些画面都明确描述了前文述及的一个时刻，满月之夜月轮升起，与此刻在地平线对面落下的太阳正相对：月亮没有被太阳的光芒掩盖，而是完全被照亮，二者交相辉映。

这些都是时间和永恒交界的临界点。从一个方向来看，它们象征着意识之光的通道，从生死范畴（沉沦的月亮）延伸到对神灵的认同，“（神）不生不灭，不死不休。”（《薄伽梵歌》2：20）然而，从相反的意义上来说（如保罗给腓力比信徒的信中所说），这些场景代表一个人自愿地参与时空的悲哀，尽管他知道自己生来是不朽福佑的，但他自愿作为化身（梵文写作 avatāra。词根为“ava-”，意为“降”；再

① 阿尔布雷特·丢勒（Albrecht Dürer），德国画家，尤长于版画及木版画设计。——译者注

加上 tarati，意为“他经过或越过”)，快乐地参与时间中生命的片段。有一种基督受难像被称为“基督胜利”，救世主的形象没有损坏，没有流血亦没有裸露，头也没有垂到一边，而是昂着头，睁着眼睛，穿着衣服，张开双臂，仿佛心甘情愿地“如是来也”(tathāgata，如来)。这类似一位菩萨的形象，在他的形象中，时间的痛苦和永恒的狂喜是一体的。

图 2-2 阿尔布雷特·丢勒木版画《基督大难》(22.5 英寸 ×15.75 英寸，基督的受难系列，创作于 1498 年，书籍为 1511 年版)

左上方是春分的太阳；右上方是复活节的满月。

在拓展意识的瑜伽练习中，太阳和月亮在心理生理学上与两个微妙的神经，或者说“生命能量”（prāṇik）的通道密切相关。nāḍīs 意为“茎或管”，与左右鼻孔的呼吸有关。它们沿着中央脊髓向下延伸至称作 sushumnā 的通道的左右两侧，在海底轮即第 1 脉轮处结束，故被称为“三河交界处”（Yuktatriveṇī）。如果用地理标记的方式来理解这一神话意义上的交界处，就好比是亚穆纳河、恒河与凡人不可见的萨拉斯瓦蒂河之交界处——阿拉哈巴德①。[19]

上述右侧的神经称为右脉（piṅgalā，意为“茶色，红棕色”），是红色的（图 2–1，未着色部分）。从右鼻孔呼到海底轮的气，是太阳的能量，象征着“男性化”及“燃烧、有毒、致命”。正如罗摩克里希纳所说，太阳是绝对和永恒的意识，脱离了时空和世俗生活。它是纯粹精神的火焰，它的全部力量是肉体生命所不能忍受的。相比之下，左脉（iḍā，意为“提神饮料、倒酒”）是淡黄色或白色的（图 2–1，阴影部分），从左鼻孔向下呼到海底轮的气是一种月亮能量，与水有关，是“女性化”且“清新如露”的。不断死亡和自我更新的月亮，是意识的象征，化身于所有的生命中，经受着短暂生命中为了满足欲望而带来的痛苦。每个人都要经历死亡，但通过死亡又孕育了新的生命。因此，它是必须牺牲的天象；因为有了每一次自我牺牲，月之生命（区别于单一的阴历月）方得以延续。

① 阿拉哈巴德（Allahabad）是印度北方邦东南部城市，位于恒河与亚穆纳河的交汇处，是印度教圣地，每 12 年一度的大壶节在此举行。萨拉斯瓦蒂（Sarasvati）又称“辩才天女”，是古印度神话中梵天之妻（一说是女儿），又译娑罗室伐底。在《梨俱吠陀》中，她是一条河及河神的名字，能除人之秽，故而大壶节上信徒在此沐浴。——译者注

通常认为，生命的短暂与永恒、对世界的依恋与脱离，是两组对立的词。但在月亮和太阳的图像中，两者是结合在一起的，因为月光只是阳光的反射。同样地，通过类比即可得知，我们肉体的生命是永恒的生命，而我们身体的意识也是永恒的意识，只是受到头脑中的二元论思维方式的限制。打破这些限制（瑜伽的论点就是如此），大脑就会重新拥有原始知识：盐偶人走进大海[①]。

为实现这一目的所采用的方法确实奇怪，被称为 prāṇāyāma，意为“有规律地控制呼吸”。而一旦人们认识到左鼻孔和右鼻孔的呼吸分别代表死亡和不朽，这一方法的意义就会显而易见。

瑜伽修炼中的“莲花坐”，两腿交叉，脊背挺直，眼观鼻鼻观心（不要让任何外物分心），开始吸气。首先，通过右鼻孔吸气，想象太阳的能量被纳入“火”神经，即右神经，向下进入海底轮。在一定时间内保持肺部充盈，当体会到太阳的能量遍及全身时，通过左鼻孔呼气，继而通过左神经将月亮的气息向上带出来，进入世界。下一次吸气用左鼻孔，向下通过左神经进入海底轮，保持住，然后通过右神经呼气；如此循环往复。

保持这种练习数小时、数天、数月、数年后，在某个时刻，身心合一并觉醒，身体所散发的能量，与照亮世界、维持一切生命的能量是一样的。这两种呼吸是一样的：这是自身内在灵性觉醒的时刻，也

---

① 印度文化中盐偶人的文学典故，说的是盐偶人想要弄清楚大海的深浅，但它的肢体一入水就溶化，通常表达一种极致的交融状态。——译者注

是呼吸上升到中央神经或通道[20]的开始。罗摩克里希纳描述了呼吸上升的实际感觉：

> 有时候，精神的涌流从中央脊柱上升，感觉就像蚁行一样。也有时，在禅修（samādhi）的过程中，灵魂像一条鱼畅游在神圣而迷幻的海洋里。还有时当我侧身躺下，我感到精神的涌流像猴子一样推着我，快乐地和我玩耍。当我保持不动，那股精神涌流像猴子一样，突然一下就跳到了顶轮。这就是为什么我忽然一跳。再有时，精神的涌流又像鸟儿一样从一根树枝跳到另一根树枝上。它休息的地方感觉像火……有时候，精神的涌流像蛇一样向上爬行，蜿蜒前进，最后到达头顶。我就进入禅修。只有当人的灵量（kuṇḍalinī）被唤起时，他的精神意识才会被唤醒。[21]

kuṇḍalinī（灵量）一词又写作 kuṇḍalin，意为“圆形、环状、盘绕”。kuṇḍalinī 是阴性名词，意为“蛇”。灵量是必不可少的精神能量，被描绘成一条盘绕着的白蛇，睡在我们每个人的海底轮里。蛇蜕去了它们的皮，就好比月亮蜕去了影子，好像重生了一样。因此，从象征意义上来说，月亮从缺到圆即对应蛇蜕皮，暗示着不朽的意识之光也像月亮一样，处于（甚至被困于）时空之中。蛇不断吐着火的信子，这证明它们体内存在被困住的光。因此，舒展开的“蛇的力量”从通道上升，汇聚在我们头顶上的“千瓣莲花”顶轮。它“有一千万个太阳那么亮”，如果再次类比，就相当于快到满月的时候，月光将与太阳光一样亮。灵能和顶轮在此融为一体：就好像一个盐偶人走进大海。

在印度，这种通过高度复杂而有效的生理练习来实现精神转变的实践，至少有4000年历史。在印度河文明时期（公元前2000年）的一些印章中，人物图案是三面神（mūlabandhāsana）的经典瑜伽坐姿，时至今日，人们仍在练习这种姿势（图2-3，图2-4）。蛇在坐像的手上升起，代表着两条横向通道：左神经和右神经，而瑜伽行者坐在通道的位置（图2-3）。另一枚印章所描绘的人物显然是同一种类型的神——湿婆（图2-4）。在印度教中，湿婆是与瑜伽有关的主神。在建于8世纪的孟买象岛石窟寺中，恰如其分地塑造了湿婆的壮观形象。湿婆有三面：右脸是男性面孔（对比右神经）；左脸是女性面孔（左神经）；而在正脸是一副光荣的面孔，反映永恒（通道）。这张小小的印度河流域图片也（显然）有三张脸。此外，湿婆的主要标志是勃起的阴茎（liṇgam），象征他的创造力不断涌入世界之母（Māyā-Śakti-Devi）那宇宙般的子宫中。他的武器是三叉戟（trisūla），在冥想三面神的非凡头饰上也有同样的三叉戟。最后，这个小雕像被四种动物（可能代表四个方向）包围着，分别是老虎、大象、犀牛和水牛。这不能不令人想到欧洲中世纪艺术的代表作中，基督第二次降临时，正是被马太、马可、路加和约翰四位福音传道者环绕着。也就是说，一个人、一头狮子、一头公牛还有一只鹰，实际上是黄道带上的四个星座，分别代表着托利（Taurian）时代日历（公元前2000年）中的二至日和二分日。在那个时代，挑水者代表冬至，狮子代表夏至，公牛代表春分，鹰（后来是蝎子）代表秋分。在亚述的阿舒纳西尔巴二世（约公元前 883—前 859 在位）的尼姆鲁德宫殿里，伟大的亚述城门守护者基路伯也同样是由这 4 个造型组合而成：人的头、鹰的翅膀、牛的身体和狮子的脚（图 2-5）。

图 2-3　损坏的彩陶印章上描绘了一个人的经典瑜伽姿势，他被人类和蛇所崇拜；反面是未破译的文字符号（印度河流域文明，公元前 2300—前 1750 年）

图 2-4　动物围绕着经典瑜伽姿势的三面神；顺时针方向，从左到右依次是老虎、大象、犀牛和水牛（彩陶印章，印度河流域文明，公元前 2300—前 1750 年）

图 2-5　守护亚述纳西尔帕二世的尼姆鲁德宫殿大门的守护者基路伯（公元前 883—前 859 年，石灰岩，高 11 英尺，宽 6 英寸）

> 这个基路伯结合了公牛的身体、狮子的脚、鹰的翅膀和胸部，以及一个戴着六只角的人的头。这些特征代表了黄道带的四个标志点：春分、秋分、夏至、冬至，因为当它们出现时，春分的标志不是白羊座，而是金牛座；也就是说，四个标志是金牛座、狮子座、鹰（后来变成蝎子，成为天蝎座，图 2-8）和水瓶座。因此，这四个组合在一起，形成了一个象征性的形式，分别构成了整个旋转的天空的四分之一，在天幕后面是阿舒尔神——亚述纳西尔帕作为阿舒尔神在人间的牧师，受到基路伯这个托利天使的保护。在先知以西结（Ezekiel）的幻象中，公元前 6 世纪晚期，同样的四兽出现在上帝宝座前所有生物的面前（《以西结书》1：5；及 10：9-14），在基督教的肖像中，它们再次作为福音传教士的标志出现。

我还想到了但丁在《神曲 · 地狱篇》中的描述："啊，当我看到他头上有三个面孔时，对我来说，这是多令人惊奇的事啊。一个面孔在前面，是红色的；另外那两个和这个相连接，位于肩膀正中的上方，它们在王冠上连接起来。右边那个的颜色似乎在白与黄之间；左边那个看起来就像来自尼罗河上游地方的人们的面孔。①"[22] 红脸、黑脸和黄脸在但丁笔下分别代表无知、无能和恨，直接否定圣父、圣子和圣灵，也就是否定力量、智慧和爱。相比之下，罗摩克里希纳将其归纳为绝对的"存在、知识和幸福"，这是一个婆罗门梵咒。我也认为，关于髑髅地的三个十字架：一个是被钉在十字架上的贼，他将升入天堂（《路加福音》23：39-43）；另一个是将要下地狱的人；中间的十字架是救世主。

同样与此相关的是基督教中悠久的蛇形象（希腊文的"蛇"为

---

① 中译本采用但丁：《神曲 · 地狱篇》，田德望译，人民文学出版社，1990，第 283 页。——译者注

ophis)。蛇不仅出现在耶稣对法利赛人尼哥底母(Nicodemus)说话的插图中，耶稣把他比作摩西在旷野中举起的青铜蛇(《民数记》21:5-9)，而且诺斯替派把救赎的使者与伊甸园中的蛇联系在一起。这种解释颠覆了正统。在正统观念中：上帝认为自己是绝对的，因此挡住了通往永恒生命之树的道路。而诺斯替派则第一个试图把人类从不可知的上帝束缚中解放出来(图 2-6)。

图 2-6 "蛇被举起来"：金匠马格德伯格(Hieronymus Magdeburger)铸造的德国旧银币(发现于德国安娜贝格，16 世纪)

经文："耶和华对摩西说，你制造一条火蛇，挂在杆子上。凡被咬的，一望这蛇，就必得活。"(《民数记》21:5-9)"摩西在旷野怎样举蛇，人子也必照样被举起来；叫一切信他的都得永生。"(《约翰福音》3:14-15)

在佛教寺庙艺术中，一般来说，通往圣地的入口有两扇大门或门槛，两个凶神恶煞的守门天(dvarāpāla)法相威严，一个举起武器、怒目圆睁，另一个张着嘴咆哮(图 2-7)。这可以对应基路伯，耶和华让基路伯手执一把会转动的、燃烧的利剑，镇守伊甸园的东方，看守通往生命树的路（《创世记》3：22-24）（图 2-5）。在纳瓦霍人的沙画复制图上（图 2-13），这两个“精神使者”（ethkaynaáshi）以开路者的身份站在通往神圣之地的路上，而这里的路和我们所知道的通道在结构和意义上是一致的。

图 2-7 仁五，Kongō-rikishi（梵文 Vajrapāṇi，意为“执霹雳者”），巨大的门神，位于供奉大日如来的东大寺南门入口对面（日本奈良，木制，高 26 英尺，宽 6 英寸，1203 年）

图 2-8 苏美尔城邦拉加什（Lagash）国王古地亚（Gudea）的奠酒杯（公元前 2000 年）

两个长着蝎子尾巴的基路伯（或称“狮子鸟”）将神殿的大门向后拉开，以展示苏美尔-阿卡德蛇神宁吉齐达的双重形象，一对交配的毒蛇沿着一根棍子交错在一起。一方面，这与希腊赫尔墨斯（Hermes）的节杖（caduceus）有着明显的关系。赫尔墨斯是灵魂与知识之神，同时也是艺术的保护神。另一方面，也与印度教通道及两条交叉的外侧神经中“蛇的力量”有着明显关系，如图 2-8 所示。苏美尔奠酒杯制造于公元前 2000 年，正好与图 2-3、图 2-4 中两个印度河流域人物印章的年代相吻合。

在密宗思想中，这类人物位于海底轮之中。作为月亮和太阳呼吸的化身，分别站在左神经和右神经的入口，即通道大门两侧。正如我们前文所讲，在“三河交界处”，月亮和太阳的能量最终融合成一团火，然后像一阵风随着觉醒的灵量上升，进入中心通道并沿着它前进。在日月之呼吸融合之前，中央入口是关闭的。修行者必须首先体验具身的月亮意识，也就是说，体验到与宇宙太阳意识一样的体验，所有生命都通过太阳意识获得能量和光照。否则，心灵要么会被困在物质中，想象身体和它的体验只与物质有关；要么会被某种超自然的幻想所迷惑，仿佛（宇宙只与物质有关）应该到别处去寻找灵魂或精神。

佛教对永生之门上的两个骇人形象做了简单解释：这不是来自外在的神的阻碍，而是存在于人类自身意志中对肉体死亡的过度恐惧，压抑着的对肉体死亡的信仰。按照这个观点，永生已经属于我们了，只是心灵还执着于凡人的目标，剥夺了我们这方面的知识。肉体的欲望和恐惧（王子乔达摩·悉达多在成佛之夜所克服的两个诱惑）阻挡我们进入伊甸园，讽刺的是，我们已经深陷其中；因为在这个传统中，从来没有被放逐者，只有一个错误的思想焦点。在最近发现和翻译的诺斯替派《多马福音》中，耶稣也宣称："天国在你心中。"（箴言 3）"天父的国就在人间，人类却看不见。"（箴言 113）[23]

因此，事实上，任何不带偏见地看待人类宗教的人都必须认识到：地球上的各个民族中，尽管有不同的解释，但在各方面都有共通的神话主题。詹姆斯·弗雷泽在《金枝》一书中将这种联系简单解释为："虽然身处不同的国家，不同的天空之下，因为有着相似的原因，所以对相似的人类心智构成的作用也是相似的。"[24] 正如我们所知，巴斯蒂安将它们描述为"基本观念"，而荣格则提出了他的"集体无意识原型"理论。

然而，也有一些情况不能用纯粹的心理学术语简单地解释。举个例子，就我们目前的兴趣而言，一系列产生变革经验的思想、图像和相关练习将在一个广泛的历史领域中出现，可能是在受损的情况下，或是创造性地修改，但毫无疑问都是在一个原始结构下产生的。

因为很明显，在今天印度众所周知的关于灵量的知识，在古代并不局限于印度河文明。人们在毗邻的美索不达米发现了一件装饰精美的苏美尔仪式器皿，大约在公元前第二个千年的同时期制成：拉加什的古地亚国王的奠酒杯。上面的高浮雕描绘了一幅神秘的场景：在一对交缠的蝰蛇下方，两个基鲁伯，或者说狮子鸟，正前往伟大的美索不达米亚蛇神（Ningishzida）的神殿入口（图 2–8）。它们以这样一种方式缠绕在一根轴杆上，使人联想到赫尔墨斯经典的仪杖（指引灵魂通向永生知识）和印度瑜伽脉轮通道的 7 个脊髓中心。在稍晚时期的埃及，公元前 1320—前 1200 年（约十九王朝），底比斯抄本《亡灵书》中有一个特殊的场景（图 2–9）。场景描绘的是标准的埃及审判：用一根羽毛来称量死者的心脏，在平衡木的下方有 7 个明显的结节，而平衡木的上方有 8 个。可怕的看门狗“吞食者”奥西里斯（它长着鳄鱼的头、河马的身躯和狮子的爪子，它会吃掉心脏比羽毛重的人的灵魂）的鼻子直接穿过杆的第 3 和第 4 个结节（参考脉轮的第 3 和第 4 个）。此外，还有一个水平的平台，上面坐着一只狒狒（这种动物象征着透特[①]，相当于希腊的赫尔墨斯）。就昆达里尼而言，这一

① Thoth，汉译为“透特”，古埃及神话中的智慧之神，同时也是月亮、数学、医药之神。他是埃及象形文字的发明者，也是赫里奥波里斯的主神之一。在《亡灵书》中他被描绘为立姿审判者。——译者注

信息再清楚不过了：也就是说，如果死者生前的目标低于腹轮的水准，吞食者就吃掉灵魂；反之，如果（在心轮中）“没有听到任何两种东西碰撞在一起发出的声音”，说明灵魂的主人生前一直行善积德，透特将引导这被祝福的灵魂（轻如羽毛）去往永生之水旁参拜奥西里斯。[25]

图 2-9　在这幅古埃及的图画中，死者的心脏被放在秤上称，作为砝码的是象征宇宙道德和秩序的女神玛特①**的羽毛**［《凯纳亡灵书》（*The Book of the Dead of Kenna*）中的纸莎草插图，约作于十九王朝（底比斯），公元前1320—前1200年］

① 女神玛特（Maat）是古埃及神话中的正义、整理、秩序之神，系唯一佩戴羽毛（上刻有其名）的年轻女神。她在冥府执行审判时，将死者的心脏和其羽毛一起放在天平两端称量。——译者注

这里的特别之处是沿杆到梁的 7 个大结节。(与图 2-1 中的 7 个莲花相比较)左下方的合成动物被称为“吞食者”，它会吃掉心脏比羽毛重的人。他的长鼻子穿过第 3 和第 4 结节(对比图 2-1 中第 1、第 2 和第 3 个莲花中心与第 4 个之间的关系内涵。)它的鼻子直接指向平台，透特神(埃及的赫耳墨斯，灵魂通向永生知识的向导)以狒狒的样子(据说狒狒会齐声吠叫来迎接初升的太阳)出现，在这个平台上调整临界光束。因此,“吞食者”代表着第 1、第 2、第 3 个结节的品质，而透特神(通常的形象为鹭鸶)则对上述品质做出裁决。第 8 个结节出现在梁的上方位置，表示一个永恒意识的球体，达到这个程度的逝者有可能被制成木乃伊。(对比图 1-1 中耆那教“胜利者”在宇宙女神眉毛上方的位置)

在巴黎吉美博物馆里，有一件来自中国周代(公元前 1046—前 256 年)的盘绕青铜蛇(图 2-10)。它只盘了三圈半，但至少对我来说，它强烈地暗示着存在于海底轮里的灵量。[26] 在广袤的欧亚共同文化领域的另一边，9 世纪的爱尔兰，不仅《凯尔斯书》① 中神秘的启示被象征性的蛇赋予了生命力 [最引人注意的是,《凯尔斯书》中著名的“通克页”(Tunc-page)，正好说明了《马太福音》27: 38 中的场景:“当时，有两个强盗，和他同钉十字架，一个在右边，一个在左边。”]。而且，在前基督教时期，位于爱尔兰莫那斯特博伊斯(Monasterboice)的修道院有一个穆瑞达克十字架，这是一个巨大的哥特式石头十字架。十字架旁边的高浮雕，描绘了一幅惊人的图案(图 2-11)，它被称为“上帝的右手”(Dextra Dei)。浮雕上刻着两条盘绕在一起的蛇，一条头向上，另一条头向下，围着三个人头，形成一个上升序列，顶端

① 《凯尔斯书》(*Book of Kells*)又译为《凯尔经》，约 800 年由苏格兰西部爱欧那岛(Iona)上的凯尔特修士绘制。这部书由四部新约圣经福音书组成，语言为拉丁语。这是一本有着华丽装饰的圣经福音手抄本，被视为西方书法的代表作和海岛艺术绘画高峰。它也被认为是爱尔兰最珍贵的国宝。——译者注

有一个人的右手，伸向一个戴着王冠的、光环装饰着的圆盘的中心。[27] 如果这不是明确指示通道上方的四个阶段，那么在纪念耶稣受难的基督教纪念碑上出现这种情况的意义就还有待解释。

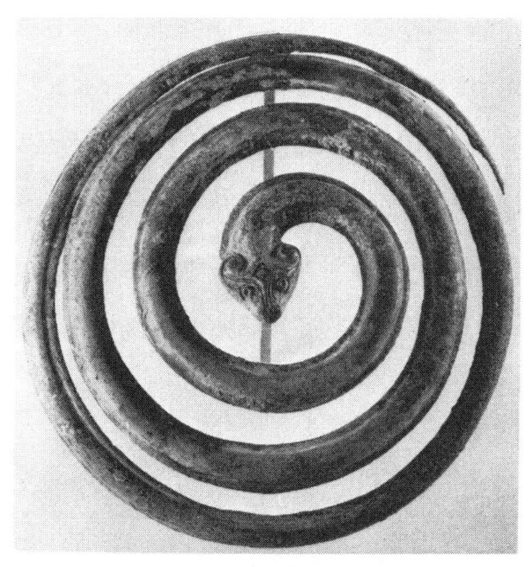

图2-10 盘绕的青铜蛇（中国周代，具体是战国时期，公元前500—前250年）

这条盘绕了三圈半的青铜蛇也许能证明，佛教传入之前的中国的原始知识，在某种程度上与印度晚得多的密宗发展有关，因为据说睡在密宗里的螺旋蛇就是盘绕了三圈半。

事实上，考虑到这一时期主要基督教哲学家之一，爱尔兰的新柏拉图主义者爱留根纳（John Scotus Erigena）的主要著作《论自然的区分》（*De Divisione Naturae*），因其泛神论的含义而受到教会的谴责，人们甚至怀疑，隐秘的诺斯替派内涵可能是许多（如果不是全部的话）神秘的爱尔兰修道院象征艺术的基础，这些艺术曾是基督教传教团德鲁伊教的一部分。当欧洲其他地区的研究被哥特人、汪达尔人、盎格鲁-撒克逊人和罗马崩溃时期的其他异教野蛮人所抹杀时，爱尔兰的修道院院长们仍在阅读和翻译希腊语。他们礼拜仪式的某些特点源自一种曾普遍存在的希腊仪式。显然，在这一时期，有许多隐士实行了极端的苦行，在那之后，除了在青藏高原，很少有人还知道这些苦行。例如，到“围墙”中，在一个“又矮又窄，一个高个子的人不能完全躺下”的小石室里生活。[28] 毫无疑问，所有学习和体验基督教信仰隐喻的精神内涵所需的条件都已具备，然而在几个世纪里，先是异教，然后是已经基督教化的罗马帝国崩溃后的宗教暴力，使得欧洲其他国家（最后一个是爱尔兰）似乎都失去了这种学习和体验的能力。

图 2-11 “上帝的右手”，这是爱尔兰一个具有象征意义的石头十字架侧面的纹样（劳斯郡莫纳斯特博伊斯修道院穆瑞达克十字架，10 世纪）

上述所有内容都提出了一些可能无法回答的问题，这些问题涉及一系列独特的象征性图案的形成和传播。比如在印度，在过去 4000 年中，这些图案一直与瑜伽的练习和实际体验联系在一起。

即使从我刚刚举的一系列简短的例子来看，这也是显而易见的。这一系列独特的结构元素所涵盖的时间和地理范围实在是太大了。最早的证据来自印度河流域、两河流域和尼罗河流域，时间则可回溯到闪米特人和印欧武士部落登上历史舞台之前的一个时期。那根用来称量死者心脏的埃及羽毛是象征玛特女神的鸵鸟羽毛，是宇宙秩序及其自然法则的化身，社会秩序和个人一生的秩序都需遵守该前提。琐罗亚斯德教、犹太教、基督教的自然观，认为自然是“堕落的”或冷漠的，社会（地方文化僧侣的利益）是对与错的最终决定因素和标准。印度的达摩（履行职责时的美德）、中国的道（所有秩序、变化和行为举止的统一第一原则）与古埃及的玛特女神一样，都源自相同的史前背景。这些同源思想产生的结构是社会及其成员作为自然的平等产物，通过社会和心理隐喻与自然保持一致，意图使个人意志与共同意志保持统一，从而与自然中的意志协调一致。“43 200”这个数字在美索不达米亚人的思想中由来已久，它的变化与天体周期、历史周期和人类心脏的搏动有关。约翰·伍德罗夫爵士①补充说，在印度瑜伽学派看来，所有的生物每天都要呼气和吸气 21 600 次，[29] 即呼和吸一共 21 600 × 2=43 200 次。

① 约翰·伍德罗夫（John George Woodroffe，1865—1936），英国东方学家，笔名 Arthur Avalon，著有《大涅槃怛特罗》《灵蛇之力》等。——译者注

在这样的语境下，由于宏观世界（宇宙的秩序）、微观世界（个人的秩序）和中观世界（协调社会的秩序）是等同的，因此，个人在群体的社会理想和道德原则约束之下，最终形成他自己的本性。出于同样的原因，孤独苦修的瑜伽行者的梦幻实现，便是其基于神话的文化“单子”而产生的中观秩序起源的心理来源。在这种古老的理解人类与宇宙关系的方式中，没有什么能比拟那些目标和价值观之间冲突的紧张关系。已故的铃木大拙①用西方《圣经》启发人们的方式，将“自然”和“精神”解读为一对对立关系，他说：“（这里的）自然是一种对人类怀有敌意的东西，当人类努力接近上帝时，它会拖人后腿。‘你们心灵固然愿意，肉体却软弱了。’（《马太福音》26：41）人与上帝为敌，自然与上帝为敌，人与自然彼此为敌。上帝自己的形象（人），上帝自己的创造（自然）和上帝自己——三者都在交战。”[30]

那么，在什么时间、什么地点，大欧亚地区产生了这些宏观-微观-中观宇宙的隐喻，拥有相同的仪式化祈祷，并通过心理和生理的练习来确认这些隐喻？难道印度古鲁、中国藏地仁波切和日本禅宗大师是这些隐喻的继承者？迄今为止，已有来自印度、美索不达米亚和埃及的证据表明，近东和中东地区新石器时代晚期、青铜时代早期（约公元前3500—前2500年）的情形符合上述所述。然而，来自美洲原住民的符号图像使问题变得复杂，例如前文已提到的纳瓦霍沙

① 铃木大拙（1870—1966），日本著名禅宗研究者、佛教思想家。他在镰仓圆觉寺师从著名禅师今洪北川，后从事佛教典籍的英译及西方哲学、神学著作的日译。——译者注

画，其中的意象和内涵与通道的上升匹配得如此完美。若说这幅画来自中国西藏，而非美国新墨西哥，我们就可以毫不犹豫地建立一种直接的联系。

我自己意识到这里有一个问题：大约在 40 年前，我正准备由博林根基金会出版从老纳瓦霍巫医杰夫·金（Jeff King，他于 1964 年过世，享年大约 110 岁）收到的一系列花粉画及其相关神话。杰夫·金曾说，他的画源自“某座山东坡的一个洞穴”，他在童年时第一次进入这个洞穴。每当他看这些画时，都会唤起他对那个洞穴的记忆。他说：“在洞外，有一块石雕，两条蛇交织在一起，一条头朝东，一条头朝西。”然而，他最后一次探访这个洞穴之后，蛇纪念碑就倒塌并被水冲走，所以现在已经不复存在了。[31] 人们不知道该如何看待这样一个故事。新墨西哥州的石雕？赫尔墨斯的一种仪杖，蛇头一个朝东一个朝西，而不是头对头？当我在一系列复制自前哥伦布时代的图案（现保存于英国利物浦）中发现了杰夫·金描述的这种改良的仪杖时，我的怀疑变得有了根据（图 2-12）。[32] 无论他描述的石雕是确有其事还是他自己的想象，现在看来，这种石雕图案的形式是传统的。但这一传统来自何方？

图 2–12　仪杖祭坛，前哥伦布时代的阿兹特克人（《费耶尔瓦里–迈尔手稿》，15 世纪）

20 世纪 50 年代，罗伯特·高登·华生与瑞士化学家艾伯特·霍夫曼①合作，对墨西哥前哥伦布时代的真菌崇拜进行田野调查，确立了迷幻剂在整个玛雅–阿兹特克宗教活动中的突出地位。后来，他们与古典学家拉克（Carl A. P. Ruck）一起，揭示了致幻剂大麦麦角可能在希腊神话中的厄琉息斯秘仪（Eleusis）②中产生影响这一事实。[33]早在 1968 年，华生就揭秘了神秘的吠陀圣礼索玛，索玛可能是鹅膏

① 罗伯特·高登·华生（Robert Gordon Wasson，1898—1986），美国作家、民族生态学（真菌学）家。艾伯特·霍夫曼（Albert Hofmann，1906—2008），瑞士化学家，因在 1943 年发现麦角酸二乙基酰胺（LSD）而闻名。——译者注

② 厄琉息斯秘仪，古希腊祭祀德墨忒耳和珀尔塞福涅的神秘仪式。这种仪式产生于人们对谷物生长奥秘的探寻，其举办中心在雅典西北郊的厄琉息斯，主要流行于公元前 9 世纪到公元 2 世纪。相关资料参见王觉非主编：《欧洲历史大辞典》（上），上海辞书出版社，2007。——译者注

菌特别是毒蝇鹅膏菌（*amanita muscaria*）的产物。[34]赫胥黎在他的《知觉之门》（1954 年）中描述了他自己在仙人球毒碱（mescaline，三甲氧苯乙胺）影响下的幻觉体验，为人们开启了一扇认识致幻剂能力的大门，这种能力可以使人们感知到一种类似的，甚至是真实的神秘深度。今天，毫无疑问，人们已经体验到了，通过这些圣礼所获得的启示和从瑜伽中得到的启示几乎别无二致。同样毫无疑问的是，启示来源于实践者的心理，即无意识。进一步说，它们揭示了集体无意识的原型，这是智人先天形成的基本思想，无论在哪里都可能自发地出现。

回到人类学词汇中，我们就可以放心地提出，从荣格所说的集体无意识的共同点出发，像赫尔墨斯仪杖这样的符号很有可能同时出现在印度、希腊、爱尔兰和新墨西哥州。然而，我们发现在中美洲，这里的大量特征不仅与欧亚大陆已知的原型特征是相同的，而且还有一些独特的组合：基于数学记录和天文观测的季节性历法，标记太阳、月球和行星周期；伟大的羽蛇神（Mayan Kukulcan，Nahuatl Quetzalcoatl）化身为神人和国王，死亡后复活；庙宇寺塔对标美索不达米亚的金字塔；宗教形象、熏香、音乐和宗教游行，等等。也许只是巧合，玛雅历法的基本起始日期是公元前 3113 年[35]，而在印度，目前 4 320 000 年“大周期”的开始则应该在公元前 3102 年 2 月 18 日[36]。几个世纪前，美索不达米亚人对同样的天文现象进行了独立的观测，这些观测很可能启发了几乎相同的宇宙观，它们之间的区别主要在于玛雅历法是以 20 为基数，一个星期有 13 天，而早期的苏美尔-巴比伦历法是以 60 为基准，每周 5 天。人们不禁要问，既然旧世界和新世界的这两个系列的隐喻图像在广度和深度上可以如此相似，那么人类的心理是否有可能被彻底地编程，因而这两个几乎完全相同的系列确实有可能独立地出现在地球的两个分离半球上。这个问题，我已经思考了 40 年。面对一个相同的神秘遗产时，我们可以思考“大融合”在细节上（如果真是这样的话）惊人的相似。这里有一个新世界肖像画的例子，如下文描绘的纳瓦霍沙画和印度旧世界瑜伽的智慧传说：将前者视为罗摩克里希纳所说的“上帝的爱人”，将后者视为无畏的“智者”。

隐喻之旅

在纳瓦霍沙画中，有边界的区域相当于一座寺庙的内部，是一个人间天堂。人在那里可以体验所有形式。这里说的不是在实际关系方面去体验，如威胁或向往、邪恶或善良这些关系，而是体验作为支持可见世界的力量是如何表现的。这种力量虽然在实际生活中没有得到承认，但它无处不在，并且具有自己的本性。这幅画被用于祈福仪式，用于治疗疾病，或用于传授勇气和精神力量以承受某种磨难，或用于完成某种困难的任务。这幅画是用彩色的沙子（以惊人的技巧和速度）撒在当地居民住所或泥盖木屋的泥土地板上。邻居们和朋友们聚集在一起，在 1~5 天的时间里（许多其他仪式要持续 9 天）日夜不断地诵经、祈祷、做隐喻行为，患者或发起者在思想，心灵和服装上与相关传说中的神话主角一致。他或她实际上是将自身切实带入这幅画中的，不仅作为朋友和邻居们关心的对象，而且作为一个从事冒险的神话人物，而在场的每个人都知道这个原型。因为这是他们所有人的原型的冒险，这种冒险来自他们个人生活的知识，根植于一个爱和永恒的模式。此外，仪式中所有的人物都来自当地的景观和经验，并被神话化，因此，通过对仪式的共同见证，所有参与者的精神世界，都将愈发自然、美丽和焕然一新。

这幅特殊沙画的意象，与瑜伽通道带给人的感觉和象征性体验之间的一致性，是令人惊讶的，但世界各地神话和仪式艺术中的许多其他一致性却更令人震惊。大玉米植株的秆在这里与瑜伽通道相对应；这些脚印则代表沿着纳瓦霍人所知的神秘之路的精神提升。圣歌中有这样一首诗：

我在生命的殿堂里徘徊
在花粉之路上，
我和云之神一起漫步
去一个神圣的地方。
上帝在我前面徘徊
背后还有一位神。
我在生命的殿堂里徘徊
在花粉之路上。[37]

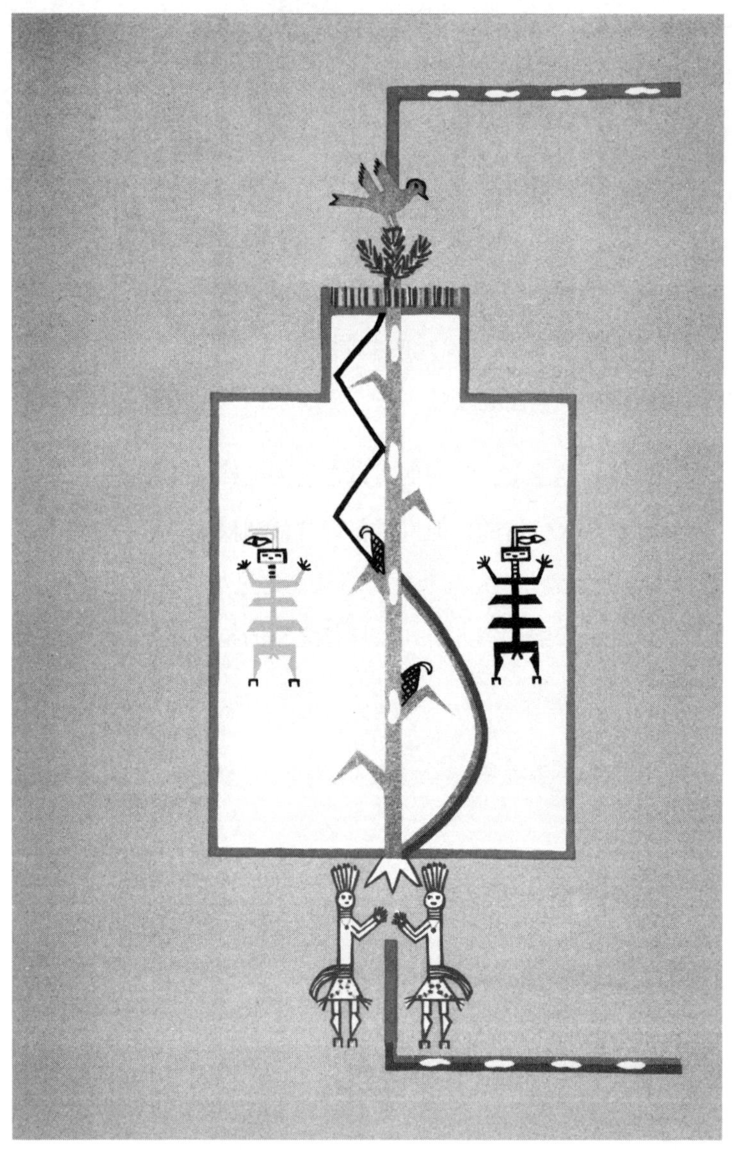

图 2-13　纳瓦霍沙画

巨大的玉米植株的上半部分有一道闪电标志，这立刻使人想到印度教和佛教形象学中的东方金刚（“启蒙的霹雳”）。它准确地击中了道路的中心，这与第 4 个脉轮——心轮完全对应（如果把有叶子标记的阶段、上面的流苏和下面的根算在内），在心轮里听到的声音不是由任何两个物体撞击发出的。在纳瓦霍神话和传说中，被称为太阳使者的神陶哈诺（Tsóhanoai）拥有闪电之箭。他住在天上，当一个凡间的处女怀上他的双胞胎儿子时，他下凡给他们力量和武器，去消灭世界上的怪物。他们所拥有的太阳能量是如此之大，以至于当他们返回地球时，必须由一位名叫 Hastyéyalti（话语之神）的神来改造。话语之神是诸神的外祖父，是男性和女性力量的集合。[38] 在这幅沙画中，一条修饰过的彩虹代表话语之神掌管的领域，彩虹有两种颜色，红色和蓝色（在复制品中是砖红色和蓝灰色），分别象征着太阳、水和月亮。这对双胞胎从他们父亲的天宫来到地球的高处——世界的中央山脉（坐落于新墨西哥州的泰勒山，高 11 302 英尺），画中的位置就对应着第 4 脉轮心轮的位置。此外，玉米植株的根部由三部分组成，也很像海底轮中的“三河交界处”。花粉之路从右下角开始延伸，有两种颜色，很像那条经过修饰的彩虹（或者像月亮，既有物质又有光）。但在灵魂使者转弯的地方，道路变成单一的黄色（就像熊熊燃烧的火焰，爆炸再上升，进入通道。然后，在圣歌和祈祷声中，以一种神圣的方式进入圣殿。很难解释密宗幻象通道的上升和纳瓦霍花粉之路的仪式之间的相似性。据我所知，在西藏的密宗佛学院，如拉萨的甘丹寺，1959 年之前一直对仪式化的沙画传统①施行严格管控。我们还知

① 这里指的是藏传佛教的坛城沙画技艺，意为“彩粉之曼陀罗”。——译者注

道纳瓦霍人属于印第安的阿萨巴斯加族群，来自北美洲最西北部，大约在 12 世纪的某个时候移民到西南部。但加拿大西北部的阿萨巴斯加人并不练习沙画。纳瓦霍人似乎是从居住在他们周围的普韦布洛人那里学会了这门艺术。没有记录显示新墨西哥州的普韦布洛人和拉萨的名寺之间存在任何关系，甚至也从未有人想象过它们之间可能存在一定关联。因此，至少就目前而言，我们回到了学术上比较冷门的心理学解释，即这两种隐喻之旅拥有不可否认的相似性，一种是心灵的狂喜，另一种则需要通过部落仪式才能获得。通道的上升经历是一种心理秩序，这一点毋庸置疑。而且，这些愿景是受文化制约的（所有愿景和所有梦想都是如此），这一点也是肯定的。从海底轮的四瓣莲花到心轮的两瓣莲花，再到顶轮的千瓣莲花，每一片莲花瓣都带有一个梵文字母。然而，那些经历过“莲花”的人对它的描述却带有一种现实的信念。那不是一种粗浅的物质，而是一种微妙的、梦幻般的幻想。

罗摩克里希纳说：“它们是由意识形成的，就像一棵蜡树，树枝、树枝、果实等，都是蜡。[39] 人不能用肉眼看到它们。也不能剖开身体将它们取出。”[40]

他对他的信徒说：

> 就在我达到这种心灵的状态之前，我已经知道了昆达里尼是如何被唤醒的，不同中心的莲花是如何绽放的，以及所有这一切是如何在禅修中达到高潮的。这是一次非常秘密的

> 经历。我看见一个二十二三岁的男孩，和我长得一模一样，走进通道神经，用舌头触碰莲花，与它们交流。他从肛门中心开始，穿过性器官、肚脐等中心。四瓣、六瓣、十瓣，等等这些中心的不同莲花都是下垂的。在他的抚摸下，他们笔直地站立起来。
>
> 他到达了心脏——我清楚地记得——并与那里的莲花交谈，用他的舌头触摸它，那垂着头的十二瓣莲花直立起来，打开了花瓣。然后他来到喉咙里的十六瓣莲花和额头上的两瓣莲花。最后头上的千瓣莲花开了。从那以后，我一直处于这种状态。[41]

在花粉之路的沙画中，“女性”和“男性”的两种颜色，月亮和太阳的力量，在圣殿入口处的守护灵使者之间合二为一；这条道路现在是单一颜色的花粉，通往世界树的底部，在那里有三条树根或三个入口。右边和左边的人分别指向站在两边的灵魂使者，他们的手臂和双手一起向中间道路的入口做着手势。然后，玉米秆的下半部分，代表分级阶段的开始，早在灵魂使者右转之前，拥有相同两种颜色的彩虹已经是发起者的花粉之路了。

现在，彩虹是一种无形的幻影，由物质和光组成，在雨滴里通过反射和折射太阳的光线而形成。因此，它既是物质的又是非物质的，既是月亮的又是太阳的，就像这里的蓝色和红色所代表的颜色一样。人们会想到歌德的《浮士德》第二部分开篇的结尾：浮士德躺在一片鲜花盛开的草地上，在高山升起的旭日中醒来，看到一道彩虹横跨山谷，横跨巨大的瀑布。身后的太阳过于耀眼，无法直视，他闭上了眼睛。“恰如满怀憧憬般的希望”，太阳的光线折射在翻滚的浪花中，形成了一个虚无缥缈的形象，他惊呼：“So bleibe denn die Sonne mir im Rücken！”（“让太阳留在我的背部！”）……“Am farbigen Abglanz haben wir das Leben.”（“我们是在五彩折光中感悟人生。”）①。因为他处在心轮的关键转折点上，在那里，他必须选择，就像印度的瑜伽行者那样，是在阳光的猛烈照射下消失，还是在活动的场域中休养生息，以此承认阳光通过所有形式赋予生命力量！

沙画中的彩虹正好在路中间结束。那里有闪电，在右边和左边出现了两个幽灵。这是被纳瓦霍人称为“顿佐”（Dontso）的精神信使，它们一个叫“大苍蝇”，另一个叫“小风”。在艺术和神话中，这个小角色占据着突出的地位，就像纳瓦霍神话中的其他一切事物一样，它是一个由环境实际特征转化而来的隐喻——一种速殖蝇，当地语言形容为“Hystricia pollinosa van der Wulp”，即它习惯于在人的肩膀或肩膀正前方的胸部发光。[42] 在这一角色设定中，它作为信息指引和精神使者，被允许进入万神殿。它现在的两个幻影，一个黑色、一个淡黄色，分别代表了男性和女性的能量，在彩虹中它们是一体的。因为在这幅画的色彩系统中，黑色和红色都是男性能量的象征，而黄色和蓝色都是女性能量的象征。黑色是邪恶的，对生命构成威胁，但同时也保护人类。这里的闪电是黑色的，而黑色的风（在这里以黑色

① 中译文采纳歌德：《浮士德》（《绿原译文集》第七卷），绿原译，人民文学出版社，2017，第192页。——译者注

顿佐的形式出现）是太阳的力量。[43] 相比之下，黄色代表果实、花粉和植物的力量。女人起源于黄色的玉米穗，黄色象征着取之不尽的食物。[44] 闪电的黑色“之”字形线条是单一的，而在彩虹中，男性的力量和女性的力量被调和，男性是红色的，女性是蓝色的。红色是危险、战争和巫术的颜色，也是它们的保护色；因为它也是血、肉和营养的颜色。[45] 纳瓦霍人把蓝色与大地、水和天空的丰沛力量联系在一起。[46] 这两个元素结合在一起形成彩虹，被称为“阳光”，据说代表“当太阳在云层后面时从云层中发出的光线……”[47]

这幅画的玉米秆是蓝色的，在中央玉米穗的顶部有一只鸟，也是蓝色的，据说象征着黎明、幸福和承诺。[48] 玉米穗（类似通道）上只能看到两个节点，分别对应腹轮和心轮，这两者都与生命中成熟期的力量和领悟有关，掌握力量、启发认知可能是偶然的，也可能不是。

我们有幸从这位艺术家得到了这珍贵且正在迅速消失的口述历史及沙画复制品，虽然这位艺术家只从“歌手”（即药剂师）那里得到了祝福仪式的画，没有得到象征意义的解释。但我们现在有了大量资料对此进行权威的解释，这些材料主要由 20 世纪三四十年代的学者收集。有一种调侃的说法，当时普通的纳瓦霍家庭，一般是由一对父母、一个孩子和两位人类学家组成。从人类学家的出版物中，我们有信心用大众基本能接受的形式，重建对此类作品的解读。

我自己对这些材料的研究是在 20 世纪三四十年代的某一年同时进行的，一部分是我要为博林根系列的开幕做准备的编辑任务。博林根系列是莫德·奥克斯从纳瓦霍老巫医杰夫·金的征战仪式中收集的绘画，1943 年以《两人来到乃父身边》(*Where the Two Came to Their Father*) 为题出版。[49] 与此同时，我又和亨利·罗宾逊 (Henry Morton Robinson) 一起解析了《芬尼根的守灵夜》(*A Skeleton Key to Finnegans Wake*，1944)。此外我还帮助斯瓦米·尼哈拉南达古鲁 (Swami Nikhilananda) 翻译孟加拉语的《罗摩克里希纳福音书》(*The Gospel of Sri Ramakrishna*，1942)，并且开始着手编辑博林根系列第六期，其中有我已故朋友海因里希·齐默 (Heinrich Zimmer) 的著作《印度艺术与文明中的神话和符号》(*Myths and Symbols in Indian Art and Civilization*，1946) 及《国王和尸首》(*The King and the Corpse*，1948)，还有博林根系列第二十六期的《印度哲学》(*Philosophies of India*，1951)，第三十九期的《亚洲印度的艺术》(*The Art of Indian Asia*，两卷本，1955)。

这些年来，我给人的显著印象是，我只是在为人类想象中的一部神话史诗的不同章节而工作。此外，这部史诗与 20 年前我在哥伦比亚大学人类学和欧洲浪漫主义及中世纪文学研究生课程、在巴黎索邦大学关于普罗旺斯诗人和亚瑟王的浪漫诗歌讲座、在慕尼黑大学的梵文和远东佛教艺术课程所讲的内容是一样的。阿道夫·巴斯蒂安关于和谐的理论中贯穿着某些世界神话的元素，也即“基本观念”(Elementargedanken)。对我来说，这些看似遥远的研究毫无疑问地证实了他所说的这一点。因此，我认为首要任务是对人类神话和宗教进行无差别的系统性比较，以证明这种普遍性（或者，正如荣格所说，它们是无意识的原型），并尽可能地解释它们；第二项任务应该是识别和解释隐喻意象在各种区域和历史条件下的转换。这些共性正是在转换之中得以呈现的。

由于“原型”或“基本观念”的分布不受文化甚至语言边界的限制，因此不能说它们是由文化决定的。然而，无处不在的地方性隐喻，以及体验和运用其力量的地方性方式，确实是受社会制约和定义的。巴斯蒂安将这种地方隐喻称为“民族观念”（völkergedanken），米尔恰·伊利亚德（Mircea Eliade）称之为“显圣”（hierophanies，源于 hieros 一词的“强大的、超自然的、神圣的、神圣的”之意，再加上 phainein 一词的“揭示、展示、宣传”之意）。

伊利亚德说:“神圣的辩证法，倾向于重复一系列原型，因此在某个历史时刻实现的神权在结构上和一千年前或一千年后的神权是一样的。”此外，“显圣有一个独特之处，就是它试图揭示整个神圣的事物，即使在人类的意识中，神圣的事物‘显示自己’也只局限于它的一个方面或一小部分。在最基本的等级制度中，一切都是清晰展现的。在石头或一棵树上表现出神圣，并不比表现为‘神’更神秘、更高贵。将现实神圣化的过程也是一样的，只是这一过程在人的宗教意识中所采取的形式是不同的。”[50]

基本观念植根于心灵，是在当地的地理、历史和社会中表现出来的民族观念。当心理原型或基本观念通过一些细节显现，无论是地方景观、人工制品、社会习俗、历史记忆或个人传记，就会出现等级制度。被如此反映的对象因此变得神圣化或神话化。与此相对应的是，当人们对启示有一种直接的认同感时，宗教体验就会实现。单纯的“关联”的意义各不相同。在民间崇拜中，所有的意图往往都是去体验“关联”。这样就可以使社会团结起来确切实现品格的转变。

隐喻识别

在纳瓦霍人的祝福仪式中，精神启蒙的身心疗愈是通过对患者或发起者的认同（仪式诱导）来完成的，通过花粉之路的神话冒险进入并穿过一个神圣空间，来到被改造的世界。我们尚未知晓这次冒险是通过哪些具体的祈祷、圣歌和隐喻行为进行的。但这幅画的图案表明了变革的阶段。

白色玉米粉的脚印标记着提升者的道路。如图 2-13 所示，他们沿着一条具有象征意义的道路靠近，男性和女性力量的颜色，火和水，阳光和云，在精神使者的位置上，突然混合成一种金黄色的花粉颜色。然后，同样颜色的花粉出现在延伸的神圣空间的边缘，这样就可以展示花粉的内在力量。

这段路上没有脚印。“被假定”是心灵一个入门之路，从世俗的焦虑、渴望认同和拥有期望转变为一场扮演的游戏。它有意地假设了人格显圣的隐喻和神话角色。纳瓦霍人有许多仪式来实现这一不可或缺的意识转变：发汗浴、在庄严的仪式上诵读神的名字、在脸和身体上文绘，以及让乩身候选人穿戴一系列神的装饰物。这种磨难是一种献祭行为。心灵将永远放弃与生命有关的全部方式，也即放弃对这一道路上的两种力量——红色和蓝色——的认识。走出出口，回到世界，道路将不再是红色和蓝色，而是单一的花粉颜色。聚集在一起见证这个时刻的邻居们和朋友们将体验到一种兴奋，但随后会沿着他们走过的道路回到这个世界；因为他们的参与不是身份认同，而是一种关系，类似于罗马天主教家庭参加弥撒；而新教徒几乎赤身裸体被装扮成神，他们认为这是冒险。正如《托马斯福音》中耶稣所说："凡从我口中喝的，必成为我，我自己也必成为他，隐藏的事必向他显明。"[51]

当脚印重新出现在绘画中时，它们已经在玉米秆内或玉米秆上，而顿佐在两个方面同时表现为雌雄，黄色和黑色：一分为二，又合二而一。此外，蓝色和红色的路径现在以太阳发光的形式出现，不再是固体物质，而是光和云。

在印度教的通道上升中，较低的脉轮中心分别属土、水和火元素，相关的神是创世者梵天，保护者毗湿奴，阻碍光明的毁灭者湿婆。参与其中的瑜伽行者变得如此专注于这些形态的发生原型，以至于当灵量上升时，集中于中心下方的整个身体都变冷。正如约翰·伍德罗夫爵士所说："有一个简单的测试，能测试湿婆（灵量的能量）是否被唤醒了。当它被唤醒时，湿婆所在的那个部位会感觉到强烈的热量，但当她离开特定中心时，留下的部分会变得像尸体一样冰冷，好像没有生命。因此，向上的延伸可能会得到其他人的外部验证。当灵量到达顶轮时，整个身体都是冰冷的，像尸体一样；除了头骨的顶部（意识的静态和动态方面结合在一起的地方）可以感觉到一些温暖。”[52]

换句话说，以这种直率的方式练习的灵量瑜伽，并不是一种“煞有介事”的扮演游戏，而是一种在某种形而上学基础上进行心理吸纳的实际体验。据我所知，这是一个未完型的形态发生场域。除了荣格和近来生物学家鲁珀特·谢尔德雷克（Rupert Sheldrake）的相关研究外，尚未得到西方科学界认可，甚至一位关注此事的科学评论员声称，应该烧毁相关的著作。罗摩克里希纳当然知道他自己在说什么，他警告（正如我们已经了解的那样）说，这种瑜伽形式不仅非常困难，而且上帝的信徒也不应该练习，因为（用他的话说）：“对一个追随它的人来说，世界上的神圣游戏甚至变成了一场梦，似乎不真实；他的‘我’也消失得干干净净。”[53] 在第 4 脉轮心轮，当第一次听到的声音“OM”不是由任何两个物体撞击在一起发出时，瑜伽行者吸收的元素是空气（vāyu ：生命气息；prāa ：灵气，纯净的灵魂）；在第 5 脉轮，他被转移到虚空（ākāsa）中。古代圣人阿士塔伐克拉（Aṣṭāvakra）惊叹道：“我是无限的空间！”“可感知的世界就像一个空罐子（封闭，但无限的空间）。因此，感知性既不需要放弃，也不需接受，亦不需要毁灭。”[54]

在但丁的《神曲》中，精神升华的相应阶段贯穿了《天国篇》的最后三个章节，讲述了梦想家在贝雅特丽齐（但丁的萨克蒂女神）精神的带领下，从炼狱山顶的人间天堂花园中，穿过所有空间范围，到达使天空旋转的普里姆摩托宫（Primum Mobile）的最外层。

那重天上有一种使那些在观照造物主中
得享至福的被造物能看到他。
这光扩展成那样广大的圆形，
以致它的圆周
即使作太阳的腰带都会显得太大。
它呈现的全部形象
是由神的光被原动天的表面反射出来形成的，
原动天的生命和力量来源于它。①[55]

印度体系中的相关词语是 nāda，意即光能创造出的声音“OM”在虚空中不断回响。无论是在但丁的最后一首诗（《天国篇》31–33）中，还是在古印度第 6 和第 7 脉轮中，这都是超越了“空间”的。这种高潮体验首先是一个人看见了想象中的神，之后会看见一种超然的光，那是生命世界的能量。

在东方艺术中，无论是佛陀、婆罗门、毗湿奴还是湿婆的形象，通常都是坐在或站在莲花上。在但丁的想象中，“三位一体”与整个天国的主人是戴着一顶光芒四射的纯白玫瑰花冠的。[56] 在纳瓦霍沙画中，最后一幅图像是用花粉装裱的仪式场地，是一个封闭的白色空

---

① 中译本采纳但丁《神曲 · 天国篇》，田德望译，人民文学出版社，2004，第 183 页。译者根据坎贝尔英文原文，将田德望散文体译文拆分为韵文体。——译者注

间，在这个空间的上空，一只象征性的鸟栖息在神圣玉米植株顶部中央的流苏上。流苏是三条，植物在地下的根也是三条，这让人想起在《神曲》中，但丁对“三位一体”的想象与他对地下撒旦的想象相匹配。撒旦有三张脸：左边是黑色，右边是黄白色，中间是红色，分别代表但丁的欲念、无知、仇恨和无能的愤怒，与神性的智慧、爱和全能形成鲜明对比。[57]

在古北欧的废墟世界神话中，有一棵世界树叫伊格德拉西尔（Yggdrasil），奥丁为了获得符文（众神的经文）[58]的智慧，将自己吊在上面九天九夜，一只鹰栖息在最顶端的树枝上，下面有一条龙啃噬着三条树根。[59]鸟是精神和精神飞升的普遍象征。在印度，雄性野鹿哈萨（haṁsa）是自我的象征，像罗摩克里希纳这样完美的圣人被称为帕拉玛哈萨（“至高无上野性雄鹿”）。耶稣受洗的时候，看见一只鸽子从天而降。相比之下，蛇和龙则属于地球，代表地球的活力、欲望和恶魔般的智慧。

在诺斯替派的表述中，耶稣对圣多马及其门徒说：“法利赛人和文士已经收到了知识的钥匙，他们已经把钥匙藏起来了。他们没有进去，也不让那些想进去的人进去。但你们要像蛇一样聪明，像鸽子一样无辜。”（箴言 39）。[60]

“蛇”与“鸽子”，这两种意识模式属于同一种生命，而基路伯和燃烧的剑禁止它们（即使是“受过审判的”也不行）进入尘世花园，在花园里二者再次合二为一。

因此，在但丁的视野中，天国和地狱仍然是分离的，低级权力（道德判断）已被永远谴责。灵魂的坠落就是堕落。这个给予生命的魔鬼变成了恶魔。也就是说，一切都围绕着它旋转的宇宙轴心树，仍然被切成了两半，就像在耶和华的伊甸园中有两棵树一样，一棵树是善恶树，另一棵树是永生树。然而，在未经改造的原始神话原型中，比如出现在北欧神话的生命树伊格德拉西尔和纳瓦霍蓝色玉米秆中，赋予生命的根和带花粉的花或流苏，是一个单一、有机、完整的神话形象。

在纳瓦霍沙画隐喻中的乐土或人间天堂（天堂，希腊语为 paradeisos，意为“封闭的公园”；古波斯为 pairidaēza，意为“封闭”，由 pairi 和 daēza 两个词组成，分别意为“环绕”和“墙”），彩虹曲线从根源上呈现出红色和蓝色，覆盖了从前 3 个轮脉到第 2 个果实节点的区域，那里，闪电在山顶闪烁着。仪式路径上的白色脚印既不表示起始者是彩虹，也不表示起始者是闪电，只表示起始者是中间道路。也就是说，在世界物质或纯粹精神的无实体之光中，不应该吸收个人的认同。显然，这两者都被认为是花粉之路的属性。但困难在于坚持两者之间的道路；因此，即使来到并经过波罗摩贺萨（Paramahaṁsa）[①] 这条小径，并且此时是花粉的颜色（这是花园被包围的颜色），也不会上升到天空 ，而是突然再次向右转向，脚印再次通向它们来处的居所。

---

① Paramahaṁsa，梵文典籍中的一种境界，即觉悟神的最高层面的奉献者。《薄伽梵歌》对波罗摩贺萨的境界有解释，即“面对物质的凡界苦乐的相对性”不为所动的一种永生境界。——译者注

因陀罗网

瑜伽行者经历着自我与存在、意识与极乐的非双重认同，这种认同超越了宇宙和所有存在（sac-cid-ānanda brahman）。他可能过于执着于眉轮和顶轮的迷狂（kaivalyam，意为“意识到的解脱，完美的孤立，绝对的统一”），以至于他的身体被抛弃，继而像一片被风吹散的枯叶，直到碎裂。他们说，这就是周游的托钵僧桑尼奥辛（Sannyāsin）的精神状态。正如商羯罗（Shankara）[①]所述：“虽然在行动，但他是不活跃的，尽管他结下了过去行为的果实，却没有意识到它们；虽然他是具象的，但他是无实体的，他在当地四处走动，他无所不在。这样一个了解梵咒的人，虽然没有身体，却能在任何地方生活，永远不会为乐、苦、善、恶所触动。”[61]

这种“活着时得到解脱”的人可以自愿回到心轮的精神状态，也可以以大乘菩萨的方式存在。他的“存在”就是“光明”（bodhi，意为“菩提”），他的慈悲是对所有受苦众生的同情；他放弃自我重生，作为救世主回归世界（《腓立比书》2：6-8）。再或者，仅仅是这个人通过他自己，通过时间的一切产物，认识到一个永恒奥秘，从而有能力以喜悦和勇敢参与世界的悲伤。亚瑟·阿瓦隆（Arthur Avalon，也即伍德罗夫爵士）这样解释：

---

① 商羯罗（Shankara）：印度中世纪著名哲人，吠檀多哲学的集大成者、不二论理论家。著有《瑜伽论复注》等。——译者注

> 如果终极的“实在”存在于两个方面，一个是从一切形式中解脱出来的自我的静态享受，另一个是作为物质的纯粹“精神”以及对“精神”对象的积极享受，那么与实在的完全结合需要在这两个方面统一。必须同时知道“这里”（Iha）和“那里”（Amutra）。湿婆是至高无上的极乐体验，他以人的形式出现，生活中混杂着快乐和痛苦。如果这些“湿婆”的身份在人类的每一个行为中得以实现，那么这里的幸福和这里及以后的解脱之福都可能实现。这要求人类把身体的每一项自然功能都当作一种宗教献祭和崇拜行为。因此，密续派（Tantrik）的瑜伽实修者（Sādhaka，意为“内行”）在吃喝或履行身体的任何其他自然功能时，会这样做，并且相信 Śivo’ham（“我是湿婆”）、Bhairavo’ham（“我是大黑天”）、Sā’ham（“我是她”）。这不仅仅是个人的行动和享受，更是湿婆通过他做到了这一点。[62]

用传奇人物阿士塔伐克拉的话来说：“在自我中实现了自我，从自我主义和‘我的’感觉中解脱出来，得以行乐（sukhi bhava，意为‘享受’）！”[63]

纳瓦霍沙画呈现的启蒙可以比作瑜伽中的心轮，整个自然界在那里都能听到这个音节的声音。在《印第安之书》（*The Indians’ Book*，1907）中，娜塔莉·柯蒂斯（Natalie Curtis）提到了她参加的一个康复仪式：

对于白人来说，没有什么比一群纳瓦霍人吟唱这些古老的传统歌曲更令人印象深刻的了，这些歌曲是以最准确和最细心的方式学习和传承下来的。歌手们的专注似乎更加突显了圣歌安静、单纯的品质，他们或闭着眼睛，或凝视着，把所有思想都集中在歌唱上，以免在圣歌的字词或顺序上出错。

治疗仪式在某个病人的泥盖木屋里举行，疗愈之歌的舒缓节奏持续了一整夜。火炉两侧，一群歌手在比赛谁能唱得更久，其中一组歌声变弱时，另一组就接续开始演唱。因此，这歌声就像中间那堆一直燃烧的木头一样，直到夜晚，繁星点点时都未曾熄灭。然后是一个停顿，歌曲变了；所有的声音都在一起吟唱，然后有节奏地唱起一首 *Hozhonji* 之歌，以结束夜晚的仪式，迎接即将到来的一天。在任何时候，唱山歌都是一种献祭行为。[64]

这些歌曲描述了一段通往圣山之外的圣地的旅程，那里有永恒的生命和幸福。山里山外的神灵们唱这首歌，讲述了当这些歌被唱给一个人听时，这个人的灵魂就开始踏上歌中所描述的旅程。他在彩虹之上，从一座山走到另一座山，因为众神正是这样踏在彩虹上旅行的。彩虹如闪电般迅捷。[65]

我走得又快又远，
飞驰在彩虹上。

我走得又快又远，
瞧，那边，神圣的地方！
是的，我的旅程又快又远。

去Sisnajinni，再去它之外的地方
是的，我的旅程又快又远；
群山之巅，在它之外，
是的，我的旅程又快又远；
让生命永无止境，超越它，
是的，我的旅程又快又远；
使快乐不变，并超越它，
是的，我的旅程又快又远。

现在我该回家了，
在彩虹上回家；
……

回家看我开始，
在彩虹上回家；
……

回家的路上，看着我的脚步，
在彩虹上回家；

……

现在到家了看我
现在，他们登上了彩虹；
现在回到家看我，
瞧，这里，神圣的地方！

是的现在回到家看见我，
在 Sisnajinni 和其他地方，
是的，现在回到家里看我；
群山之巅，在它之外，
是的，现在回到家里看我；
在无休止的生命中，在生命之外，
是的，现在回到家里看我；
在永恒的欢乐中，在它之外，
是的，现在回到家看我。

坐在家里看着我，
坐在彩虹中，
坐在家里看着我，
瞧，这里，神圣的地方！

是的，坐在家里看着我。

在Sisnajinni和其他地方，
是的，坐在家里看着我；
群山之首，在它之外，
是的，坐在家里看着我；
在无休止的生命中，在生命之外，
是的，坐在家里看着我；
在永恒的欢乐中，在它之外，
是的，坐在家里看着我。[66]

纳瓦霍人说：“*Hozhonji* 之歌是神赐予我们的圣歌。”[67]

无论狂喜状态下的瑜伽行者将自己的人性和世界溶解在何种现实中，无论现实的神秘形态发生场存在还是不存在，有关研究清楚地表明，瑜伽行者正迷失在阿道夫·巴斯蒂安的“基本观念”和荣格的“集体无意识原型”的普遍心理中。这些研究包括与迷狂状态相关的密宗肖像画，以及全球各地记录的各种形态相似的成年礼和解释性神话。它们永远是神话隐喻的隐含参照领域。那些筋疲力尽的托钵僧始终遵循着上述这样的精神行为内涵，周游前行，直至尽头。无论是圆满的大师、预言者、化身还是救世主，都经常用同一个声音说话。

诺斯替派的基督徒说：“如果引导你们的人对你们说‘看哪，国在天上’，那么天上的飞鸟就会在前面指引你们。如果他们对你们说‘国在海里’，那么鱼就会在前面指引你们。但王国在你之内，它在你之外。你们若认识自己，就必被认识，就知道你们是天父的儿子。

但如果你不了解自己，那么你就处于贫困之中，你就是贫困。”（箴言3）[68]“我是凌驾于他们之上的光，我是一切，一切从我而来，一切达到我身上。”（箴言77）[69]“凡喝我口中之酒的，必像我一样，我也必像他一样，隐秘的事必向他显明。”（箴言108）[70]

“我是宇宙，我是一切！”伟大的上师商羯罗的门徒惊呼道，“我是超然的、非性的、无关的、无限的知识。我是纯粹的幸福，不可分割。”[71]大师阿士塔伐克拉说：“你遍布宇宙，宇宙存在于你之中。你天生就是纯粹的意识。不要小心谨慎！”[72]

神话思维和交流的一个普遍显著特征是，通过其所有隐喻意象，隐含着某种超越表象的身份感，从而将世界舞台上的对立角色团结在幕后。叔本华在其大胆而宏伟的文章《论命运》[73]中提出一个观点。他指出在人生的最后几年，回顾一生，会发现当时看似偶然的遭遇和事件，是构成人生意外故事的关键结构特征。通过这个故事，一个人的性格潜力得以实现。人们可能发现自己很难抗拒这样一种观念：一个人的人生历程可以与一部精心构思的小说相媲美，令人好奇如此精彩的情节是谁创作的；再进一步考虑，很大程度上是偶发的个性塑造了一个人生活。因此，一个人不可能不对他人产生影响。

事实上，整个世界历史的背景是随着时间推移而展开的命运，它是一张巨大的相互影响的网，不仅是人与人之间相互影响，也包括自然界及其生物和各种事件之间的影响。哲学家援引梦的类比提醒读者，梦中的意外事件，看似是偶然的，有时甚至是非常可怕的噩梦；

而实际上，梦是由潜意识组成控制的，这种潜意识不是别人的意志。“然而，从一个角度来说，那也不是梦的意识。”[74]同样，我们生活中的梦境或噩梦是我们自己潜意识的产物。但所有人的梦境和生活都是相互关联的，仿佛是一个单一的、至高无上的背景。正如哲学家所观察到的：“作为一个名副其实的前定和谐者，每个人的梦境都只是为了符合自己的形而上学的联想，然而所有的人生梦境都是如此巧妙地相互关联，以至于每个人虽然只经历了对自己有益的事情，却满足了他人的要求……”

叔本华在总结中说：“我们在如此巨大的思想面前产生的犹豫，也许会因为回忆而减弱。从某种意义上说，浩瀚生命的终极梦想最终不过是生存意志，而表象的多样性来自时间和空间的制约（生存意志形成的形态发生场）。这是一个伟大的梦想，是一个单一的存在，但在这种意义上，所有的人都梦想着同一个梦想。因此，一切事物都与其他事物相联系、相一致。”[75]

印度有因陀罗网，正是上述这种想法的对应物，即在网里的每一块宝石上，所有其他宝石都会被映射出来。另一个对应物是佛教的“互生”学（pratītya-samutpāda），这一学说以大乘佛教《法华经》为代表，该学说有“宇宙及其事件因众生的共同行为而影响因果”的理论。[76]另一幅相关的图像是印度教神灵毗湿奴坐在宇宙蛇阿南塔的背上，漂浮在宇宙银河上，梦想着宇宙的梦想。这幅图像和詹姆斯·乔伊斯《芬尼根的守灵夜》中的宇宙梦想相关联，带有爱尔兰式的扭曲，是整个世界历史的奇观。

叔本华显然是第一位意识到康德《纯粹理性批判》奥秘的哲学家。他意识到康德不仅摧毁了笛卡尔理性主义（法国18世纪启蒙运动）和巴肯经验主义（盎格鲁-撒克逊的“常识判断哲学”）的哲学大厦，同时也为东西方形而上学术语的关联奠定了前提。对于康德的先验形式的感性（时间和空间）和先验类别的判断，可做如下分解：（1）数量：统一性，多元性和普遍性；（2）质量：肯定、否定和限制；（3）关系：实体性、因果性和互惠性；（4）关于情态：可能性、现实性和必然性。这正是印度的māyā（词根“mā”意为“形成，构建”），一种迷惑性思维能力。意思是梵天（对应康德的“事物本身”）被直接经验掩盖，并被投射转化为时空现象。

叔本华的重要贡献在于，他认识到，虽然我们的肉眼的确只看到三维时空中的现象（表象），但这些现象中的每一个，其内在体验都是他、她或它本身作为一个自愿主体使然（《作为意志和表象的世界》）。这种内在的生活意志的体验，事实上是一种隐藏在自己内心的体验，即普世自我——梵天的能量。然而，通过幽灵自身对死亡的恐惧和对存续的渴望，幽灵与暂时的幽灵场（saṃsāra）相联系。也就是说，一个人生命意志的冲动，是“作为自己”的人的内在体验；叔本华只有通过“慈悲”的洞察力才能认识到，作为另一个人的“我”[①]的相关外在经验，这是菩萨的品质。

---

① 梵文ātman是印度哲学术语，特指《奥义书》和吠檀多派哲学中，用以表示“自我”“体主”的术语。这种“自我”被认为是凡人皆备，与梵天同一性质，因此有“梵我一如”之说。——译者注

“怎么可能呢？”叔本华在著名论文《论道德的基础》（*On the Foundation of Morality*）中说：“那些既不是‘我自己’也不是‘我之关切’的痛苦，怎么可能立即影响到我，就好像它是我自己的一样，并以如此强大的力量促使我采取行动？……这是一件非常神秘的事情，原因无法解释，在实践经验中找不到任何依据。这是永远不会发生的非同寻常之事，每个人都有过这样的经历。即使是最铁石心肠、最自私自利的人也不陌生。每天都有这样的例子出现在我们眼前：一个人帮助另一个人。对他第一次见到的人来说，甚至自己的生命处于明显的危险之中，心里都只想着要冒着生命危险帮助另一个人……”[77]

叔本华对他的问题的回答是，这种直接的反应和回应代表了一种形而上学认识的突破，即“汝即彼”。[78]

他宣称：

> 这是一个先决条件……在某种程度上，我已经把自己和另一个人联系起来，并因此暂时消除了‘我’和‘非我’之间的障碍。只有这样，另一个人的处境、他想要的、他需要的才能成为我的处境、我想要的、我需要的。然后，我不再以经验的方式看待他，认为他是一个对我陌生、对我漠不关心、完全不同于我的人。尽管他的皮肤没有包裹住我的神经，但我却在他身上感受到同样的苦……[79]
>
> 个体化只是空间和时间领域中的一种表象，这是我的认

知能力理解其对象的条件形式。因此，区分个体的多样性和差异同样只是表象。也就是说，它们只存在于我的心理表征（表象）中，我自己真正的‘内在存在’实际上存在于每一个生物中，正如我的意识只在我自身那样真实而直接。这种意识，梵文中的标准说法是 tat tvam asi，即“同情 / 慈悲的基础”。所有真实的美德，也就是说无私的美德，都建立在这种同情 / 慈悲的基础上，并在每一件善行中得到表达。[80]

任何神话中的隐喻都可以被定义为情感符号，这种情感符号来自直觉，可以通过当地生活方式中的所有形式，比如教化叙事、祈祷、冥想、节日礼仪等仪式等表现出来。以这样一种方式，相关社区的所有成员，无论是在思想上还是在情感上，都可以被感动，从而和谐地生活。梦境的气氛贯穿始终，因为一切都被表现出来，并作为一个神秘的显圣物（伊利亚德的术语）被体验。它不是表现层面的问题，而是超越了表象。一位卡拉哈里的布须曼人对劳伦斯·凡·德·普斯特（Laurens van der Post）说：“这是我们的梦。”就如同卡尔德隆（Calderón）一部戏剧的标题“生活是一场梦”一样。在这样一个关于存在的世界愿景中，一切都与其他东西紧密联系，与一个不符合时间顺序的目的一致，而且在时间里无处不在。威廉·布莱克在《天堂和地狱的婚姻》（*The Marrige of Heaven and Hell*）中陈述“永恒寓于爱之中，带着光阴的成果”，这是对非二元论的捉迷藏游戏悖论的预演，即在梦幻之夜的《神曲》中庆祝自己。

西班牙哲学家加塞特（José Ortega y Gasset）在他的《堂·吉诃

德沉思录》（*Meditaciones del Quijote*，1914）中写道，伽利略发明望远镜，并将数学分析应用于解释支配宇宙的规律时，西方人的心理状态出现了令人警醒的危机。在那一刻，曾经对神话英雄的心理需求和期望做出反应的大自然，变得坚不可摧；因此，当堂·吉诃德想象自己骑着他的瘦马，对抗他冒险旅程中的某些巨人时，他的长矛实际上遇到的是风车的叶片，风车把他和他的马匹都掀翻了。随即他发明了一个魔法师，把巨人变成了风车，从而在这场冒险中救出了自己。

从人类经验和行为的纯粹机械论观点来看，任何这种归因于“存在的本质”，远比华兹华斯在廷腾修道院（Tintern Abbey）上方所写的奇思诗句深刻得多，或者说叔本华的“自然意志”，必须在贬义层面上被限定为“把人性和情感的那种浪漫归属”还原为“无生命的本质”。这是一种所谓的可悲谬误：想象的感性投射。正如堂·吉诃德对魔术师在风车中工作的病态幻想。同样，人类学家将部落神话中的每种物质形式，无论是动物、植物、石头、星星、月亮、太阳还是气流，不仅将其实质归因于意识，还归因于一种离散的内在精神，称之为“万物有灵论”。而在犹太教–基督教神学词汇中，“恶魔主义 / 魔法崇拜”即是这种信仰的代名词。

因为在《圣经·旧约》中，就像在后伽利略时期的科学中一样，自然界本身就没有神性。“除了以色列之外，普天下没有神。”（《列王纪·下》5：15），外邦人的神则是魔鬼。基督教传教士在这一点上有大量的经文为他们的工作佐证，甚至撒旦本人在那里被认为是存在于每种崇拜、偶像、圣礼、巫术和奇迹中，除了使命本身。

在理解神话隐喻方面，这种缺乏灵感的文学主义难以匹敌整个宗教史。当然，在普遍的信仰中，到处都有这样一种观念，即神是居住在一个超越时间的神话地带的活生生的实体。但这个永恒区域在任何地方都被认为是现实世界本身的灵性基础。在梦境和幻象中，一个人进入这个永恒区域，醒来时又返回现实世界。此外，正如这些内在经验告诉我们的那样，它的幻影是一种自我发光的物质，不仅启示我们自己的生命能量，而且启示所有生物的生命能量。瑜伽行者允许他自己的个性化思想融入这些灵感出现的旋涡中。在仪式中，比如纳瓦霍精神使者的仪式，他们的形式在艺术中被定义为本土隐喻，隐含着他们所代表的普遍力量。然而，令人畏惧的圣经形象是，基路伯手持燃烧的剑，在伊甸园门口四处转悠，守护通往永生之树的道路，这两个守护者的对立力量一直保持着分离。在纳瓦霍花粉之路的形象中，这两个守护者的力量不亚于印度教的通道，如果要打开中间道路，就必须团结起来。在这个特殊的传统中，永恒与时间、天与地永远分离。不能把上帝和撒旦的形象解读为任何形式的隐喻。它们是看不见的、超自然的事实。这个可见的地球的构造和地球本身一样，“你本是尘土，仍要归于尘土”（《创世记》3：19）。

因此，正如布莱克在《天堂和地狱的婚姻》中所说：

> 天堂和地狱的婚姻带着燃烧之剑的小天使被命令离开生命之树的守卫，当他离开时，整个造物将被消耗，并呈现无限和神圣，而现在它呈现的却是有限和腐败。
>
> 这将成为感官享受的改善。

但首先，人类将不再有身体与灵魂截然不同之说。

如果感知之门被清理干净，那么在人类看来，一切都是无限的。

因为人把自己封闭起来，直到他透过洞穴狭窄的缝隙看到万物。

至少到目前为止，对现代西方人来说，在世界上所有其他地方，他们还没有听说过两棵树的花园，“转瞬即逝的一切都只是一个隐喻。”[81] 但同样的，“一切永恒的事物都只是一个隐喻”。[82] 因为早在很久以前，在《羯陀奥义书》中就已经说过：“超越每一个名称和形式的东西，只有不理解它的人才能晓彻：不为知晓者所知，为未知者所知。”[83]

因此，正如月亮的光（a）对太阳的光（b）一样，我的凡人的生命（c）和我周围所有人的生命（c′）对那绝对超越名称、形式、关系和定义的梵天-婆罗门（x），亦复如此。

THE INNER REACHES OF OUTER SPACE

03

神话是艺术的灵感之源

正是这种心灵的升华，即当心灵、视野超越了欲望、厌恶和恐惧所得到的升华，使艺术和艺术家的道路与神秘主义者的道路相联系。没有这种意识和视觉的同时转换，就无法进入艺术殿堂的大门。

我的妻子珍·厄德曼（Jean Erdman）是一名舞蹈演员兼编舞。有一天，她与我讨论对神话心理内涵的欣赏及其与艺术实践的相关性，她说："神秘主义者的方式和艺术家的方式是相互关联的，只是神秘主义者缺乏特定技艺。"艺术家用技艺将自己与世界联系在一起，而神秘主义者则面向内心，这可能会让他们处于一种极端状态，就像印度教典范故事《因陀罗的谦卑》（*The Humbling of Indra*）中那位拿阳伞的老瑜伽行者一样，对非凡生活的主张漠不关心。

当两个耻辱的幽灵像梦中虚幻之物一样消失时，传说中的众神之王独自坐在宝座上，再也不想继续建造宫殿。他始终对自己拥有主宰宇宙力量的自负感到不安，于是他召来了他的建筑师毗首羯摩，感谢他在工程方面的卓越贡献，向他赠送了大量珠宝和珍贵礼物，为他举办了一次盛大的庆祝活动，之后又送他回家。众神之王现在只想从他无关紧要的角色重担中解脱，于是他把一切交给了儿子，想退位后到森林里练习瑜伽，他美丽而热情的王后舍脂[①]惊愕地向御用祭主仙人

① 舍脂（Shachī），梵文写作 शची，古印度神话中阿修罗的女儿，因陀罗的妻子。——译者注

毕哈斯帕提①寻求安慰和建议。祭主仙人是魔法智慧之王，也是因陀罗的精神顾问。他带着巫师般的微笑，拉着她的手，把她带到她丈夫的宝座前。他们在众神之王面前鞠躬，两人坐在众神之王面前的地板上，语言之王祭主仙人展开了一场关于在婚姻爱情纽带中体验超越二元之幸福的黄金演说。众神之王和王后沉醉于他的金玉良言中，这些金玉良言是他们心灵的良药。最终，众神之王因陀罗以极大的决心做出让步。舍脂恢复了她灿烂的笑容。祭主仙人承诺为他们撰写一本关于婚姻奥秘的手册，在彼此的知识中不断寻求爱，直到时间的尽头。[1]

因此，这个精彩故事以一个无知的、自爱的神，向一个超越自我存在的维度睁开双眼而告终。因陀罗此前被两位神的启示所震撼②，意识的范围远远超出了他所能胜任的、有限的、历史责任之范围。迷惑不解的因陀罗正准备抛弃他在公众和家庭中的世俗职责，在一种无限自我认同的神秘狂喜中寻求自我毁灭所带来的自我满足。幸运的是，他被美丽的王后用智慧从疯狂中解救出来。

保护神毗湿奴是两位神灵中率先站出来面对自满的因陀罗的，与希腊古典神话中的阿波罗差不多，他也是这个逝去世界中微妙平衡的现象形式的梦幻秩序的保护者。作为一名传道者，每当宇宙平衡受到严重威胁时，毗湿奴就会出现，因为他必定是在从前的两种观

---

① 毕哈斯帕提（Bṛihaspati）是古印度神话中的祭主仙人、天神的御用祭司和启发灵性的宗教导师，通常称为古鲁（Guru），也可理解为掌祭之神。——译者注

② 详见第 1 章。“两位神”即下文中提到的幻化成婆罗门男孩的毗湿奴，和幻化成多毛老者的湿婆。——编者注

念——“神统治一切”和“世界亏欠于他”之中，实现了对自我的超越。作为一名合格的传道者，毗湿奴谨慎地让他的学生（因陀罗）知道，他即将获得的信息可能超出了他所能容忍的范围。然而，因陀罗的自尊心已经被打破，所以在第二位神面前，他谦卑地接受教导。

破坏者湿婆在这个具有启发性的故事中以多毛者的形象出现，是新石器时代自然生殖力之神在印度的形象，在希腊对应的是狄俄尼索斯。[2] 作为荒野之神和野兽之神，男根是他的生殖力象征，同时他也是瑜伽之神。在无情的练习中，神秘主义者从对个体生命的依恋中解脱出来，将“自我”“生命”和“生存所消耗的生命意识”融为一体。

宫殿中的祭主仙人是隐喻话术大师，美丽的舍脂王后绝望地求助于他，于是他把自己话术的全部能力都用于纠偏荒谬的语境。因为祭司的职责是代表人世间对生命的探索，代表反对形而上学的伦理，代表生活在超越性的知识中，而不是在自我放纵的狂喜艺术中。荣格曾经写道，宗教的功能是保护我们不受上帝的影响。在奥维德的《变形记》中，大约有一半的神话故事都是关于角色在与神的接触中没有做好准备，无法吸收神的全部光芒。祭司的实用格言和隐喻仪式将超越之光调节到与世俗合宜的程度，意在和谐与丰富，而非不安和瓦解。相比之下，神秘主义者却故意将自己奉献给光，最终可能会化为齑粉。

和祭司一样，艺术家也是隐喻的语言大师。然而，祭司是一个已经被创造出来的职业词语，他是这个词的代表。他是一位表演艺术家，表演业已完美写就的剧本，他的艺术体现在表演中。相比之下，有创造力的艺术家只有在能够创新的情况下才有创造力。他们的创新也很容易区分。祭司更明显地与技术创新有关，艺术家则更具有创新见解。当然，这一章的标题是针对后者的，我们对神秘之路的开场白也是针对后者的。因为艺术家和神秘主义者所面对的境况，事实上是相同的：神秘主义者直接对峙自己最内在的规则，把它们带入意识；艺术家则在其艺术杰作中反映真理。艺术家的本质（微观世界）和宇宙的本质（宏观世界）是同一现实的两个方面。从与叔本华的“作为意志的世界”和“作为奇观或想法的世界”不对等的角度来看，它们分别作为整体的一小部分，须从内部去体验，最终方能成为整体。这一事实充分说明了，这种创造性发现和认知的相互作用，让艺术家认识到一种启示性构图的可能性，在这种构图中，外部现实和内部现实是同一的。

在詹姆斯·乔伊斯早期的小说《一个青年艺术家的画像》（*A Portrait of the Artist As a Young Man*，写于1904—1914年，出版于1916年）中，乔伊斯引用托马斯·阿奎纳（Thomas Aquinas）的话，大意是“美丽的事物是那些在看到时让人愉悦的东西（pulcra sunt quae visa placent）”。[3]因此，美本身就是一种价值、一种善、一种目的。丑使人沮丧，美令人振奋；美增强了生命的感觉，而生命本身也是一种美好的东西。通常情况下，艺术追求美，进而追求对生命感官的赞美，因此尼采将艺术美学描述为“应用生理学”。[4]而在他看来，“为艺术而艺术”（l’art pour l’art）是他那个世纪一种“颓废”的反常现象：“冷血青蛙在沼泽中绝望地发出艺术般的呱呱叫声。”[5]

因此，我们可以将美视为艺术之道的一种正常而恰当的追求，肯定其对生命感官的赞美，进而将这种美建立在生理学的基础上。在这一方面，艺术之道与审美之路是一致的。然而，艺术的启示还有另一种更深层的可能，即崇高，它超越了美，它被定义为“唤起敬畏的情绪，以及对一种超越人类理解的，浩瀚的力量的感知”[6]。人们可以在宇宙空间、遥远的距离、巨大能量的爆发中体验到崇高。如果美是如此提升了我们的生命感，以至于美学可以被称为“应用生理学”，那么超越物理定义的崇高就意味着超越了生命的度量——这不是反驳生命，而是充实生命。尼采也从这个角度来看待艺术，他说：“艺术才是生命的任务，艺术是生命的形而上学的练习……艺术比真理更有价值。”[7] 在众多实践艺术家关于艺术第一原则的陈述中，我能找到的最清晰、简洁、最有帮助的是詹姆斯·乔伊斯在《一个青年艺术家的画像》中的陈述，他在小说的最后一章中区分了他所说的“恰当”和“不恰当”艺术。在他的理解中，后者是为功能服务的艺术，而这不是艺术的恰当和独特之处。小说《一个青年艺术家的画像》中的年轻诗人斯蒂芬·代达勒斯（Stephen Dedalus），是作者乔伊斯的另一个自我，用斯蒂芬的话说：“人类出于审美目的对实际的或可理解的事物所做的安排便是艺术。”[8]

这里的一个基本细节是“可理解”一词，通过这个词，我们对艺术之道的理解被拓展到一种超越直接可感知的美的秩序，它是超越感知的物质，纯粹是概念性的，只能靠悟，但又倾向于审美目的。这个词来自希腊语的 aisthētikos 一词，意为“知觉的”（另有 aisthanesthai 一词，意为“感知，感觉”），因此与感官体验有关，但也与感觉有关。在乔伊斯看来，“恰当”的艺术，无论是实际的还是可理解的东西，都存在于审美的、客观的感知、理解和感觉中，而“不恰当”的艺术则服务于美学以外的利益，如伦理、经济、社会或政治利益。

不恰当的艺术有两种秩序：一种是激发对被描绘对象的欲望的艺术，另一种是引起对它的厌恶或恐惧的艺术。激发欲望的艺术，乔伊斯称为色情。从这个意义上说，所有的广告艺术都是“色情”的，因为它的目的是激起观众的欲望，让观众希望以某种方式拥有它所代表的对象。如果肖像只不过是“像”，其目的只是将记忆中的思想与所描绘的人（或动物）联系起来，那么肖像就不是色情的，而如果肖像是在画面中将眼睛和情感与画面本身联系起来，那它就是色情的。同样地，在乔伊斯看来，一幅有趣的风景画与其说是某个值得注意的地方的广告或纪念品，不如说是一个在有界的领域内对感性事物进行美学上的组织，这是色情的。正如前文已经注意到的，在印度，这类作品的特点是deśī，意为“风行的、地方的、乡下的”，被认为在美学上是没有意义的。

引起厌恶或恐惧的艺术，乔伊斯称之为说教艺术。贬损性的讽刺、描绘和社会批评是说教性的，因此，在乔伊斯看来，它们都是不恰当的艺术。当然，法西斯的艺术是故意说教的；但在欧洲和美国，自埃米尔·左拉[①]时期以来，社会政治教育在许多方面甚至被视为是艺术存在的唯一理由，除此之外的艺术就是“逃避现实”和“象

① 左拉（Émile Zola），法国自然主义小说家和理论家，自然主义文学流派创始人与旗手，社会活动家。——译者注

牙塔”。

因此，所有不恰当的艺术，无论是色情的还是说教的，都会让一个人带着对客体的渴望、恐惧或厌恶，并付诸行动。因此，正如乔伊斯所说，它是动态的（希腊语 kinetikos，来自 kinein 一词，意为“移动”），而“恰当的”艺术是静态的（希腊语 statikos，意为“使站立”），我们称之为抑制审美。吸引人的不是任何形式的身体活动，而是感官（审美）的沉思和享受。用乔伊斯的话来说：“心灵被抑制，超越欲望和厌恶。”[9]

正是这种心灵的升华，即当心灵、视野超越了欲望、厌恶和恐惧所得到的升华，使艺术和艺术家的道路与神秘主义者的道路相联系。没有这种意识和视觉的同时转换，就无法进入艺术殿堂的大门。仅凭在艺术工作室的技术，不仅毫无用处，甚至可能误导天才工匠自己。同样地，在神秘的道路上，通过瑜伽获得的奇妙心理生理能力，可能会让练习者误入歧途。这一点在许多印度教传说中都有体现，传说中的恶魔凭借瑜伽的极端意志获得了非凡的力量（siddhi），他们能够推翻众神的统治并控制宇宙。《因陀罗的谦卑》中的布利陀罗就是这样一个怪物。同样，新闻、社会政治说教与色情娱乐（如即将成为历史的罗马的“面包和马戏”①）结合在一起，在当今世界的流行思想中占主导地位。在这种影响下，20 世纪的地球迎来了“末世四骑士”②

① 面包和马戏（Panem et Circenses）是古罗马诗人尤维纳利斯的一句名言。在古罗马，去斗兽场观看角斗马戏是古罗马人最为热衷的活动之一。他们相信在解决温饱之后，没什么比观看一场血腥的打斗更令人心满意足了。——译者注

② 《圣约·新约》的《启示录》中的形象，分别为瘟疫、战争、饥荒和死亡。——译者注

(《启示录》6：1-7)。必须发动什么样的精神雷霆，才能将这个多头的世纪之王炸成碎片？

爆炸不会发出很大的噪声，也不会突然向我们所有人袭来。事实上，它到来的条件已经具备。正如宇航员从月球上看到的那样，地球上根本没有那些在地图上突出的政治分界线。正如我们所认识到的，这个交织在地球上的社会经济相互依存的网络是由同一类生命组成的。我们所要做的就是改变看法，以适应当代的事实。这是必然且事实上已经发生了的。此外，我们想象中的愿景并不新鲜，是自然而然的。那些制造区隔的企图才是不自然的、人为的、矫揉造作的。

早在 19 世纪，在蛮荒的西部平原上，一个名叫黑麋鹿的美洲印第安人，在萨满教的幻象中，他站在世界中央大山的山顶上，他当然知道，世界上到处都有山。但对他来说，当地的世界中央之山是南达科他州的哈尼峰。在那里他看到人们头顶神圣的光环，这个神圣的光环是许多光环中的一个，它们组成一个圆圈，像日光和星光一样辽阔。[10] 事实上，这一理念在美国国徽上得到了充分甚至优雅的体现——它印在每一张一美元纸币的背面。

在世界中央之山的山顶有一座象征性的金字塔，塔顶上有一个发光的、向上的三角形，三角形里面有一只眼睛（世界之眼、上帝之眼、灵魂之眼）(图 3-1)。正是在山顶这一休止（停滞）点上，对立双方走到了一起。上面有一句题词：Annuit coeptis，意为“他（上帝）对我们的事业微笑”（这句话改编自维吉尔的《埃涅伊德》)；下面的

图 3-1 美国国徽印章反面

这里展示的圣灵之眼，位于创造金字塔的顶端，是与印度故事《因陀罗的谦卑》中提到的毗湿奴之眼相对应的。有人可能会认为它暗含着一种神秘的“推力”，宇宙大爆炸从这种“推力”中诞生。数以亿计爆炸的核变反应，在地球上看来就是由恒星、星座和无数光点组成的银河系。然而，现在的金字塔并不是第一个创造物，而是第二个创造物，一个“世界的新秩序”，在这里用寓言的方式表现了美国最初 13 个州组成的确切过程。而在新金字塔的后面，我们只能看到一片沙漠，在它前面和周围，是一个新开始的萌芽迹象，日期是 1776 年：1+7+7+6=21。也就是说，人类从此长大成人，并根据理性来承担起塑造人类生活的责任和权力。此外，在标明日期的金字塔底部（表示时间上的事件）和顶部的眼睛（表示永恒）之间，共有 12 层，这是黄道带的符号数量，定义了物质世界的界限。因此，数字 13 代表了对边界的创造性超越。它代表的是底部的过去时：不是像流行的迷信“13 在餐桌上”所代表的死亡[①]，而是像《最后的晚餐》中所示的超越死亡的生命，12 位门徒是黄道带上的众多星座中的一员。物理世界是以黄道为界的，而即将死去的神，虽然他确实是时间领域中的一分子，但他是永恒的，超越了苍白的死亡。因此，“13” 这个数字（来自最初的 13 个州），在这里被解释为生命从死亡中复活，并且要庆祝这一复活。来自沙漠中的新鲜叶子，是送给具有理性之光的觉醒者的合宜礼物，这些觉醒者心智成熟，且具备社会良知。

① 西方迷信，认为 13 个人同桌吃饭，第一个站起来的人会死亡。——译者注

缎带上有一句铭文：Novus ordo seclorum，意为“世界新秩序”；金字塔底部有一个用罗马数字写的日期 1776。对面的图案是一只美国白头海雕，嘴上叼着一条缎带，上面写着 E pluribus unum，意为“合众为一”（图 3–2）。在它的头顶上是一个辐射状的太阳圆盘，环绕着代表最初 13 个州的 13 颗星（“13”是一个数字，表示通过精神转变实现超越）。这些星星对称排列，是象征着所罗门之印或大卫之星的六角符号。在印度，这一符号出现在心轮，即精神觉醒的中心（图 2–1），它象征着一个在生活中开悟之人的精神状态。因为向上的三角形是精神之眼（对比金字塔上方的眼睛），向下的三角形代表这个世俗世界的回声。白头海雕是美国本土太阳之鹰的形象，是宙斯的神鸟坐骑，它象征着一个备受精神鼓舞的民族一贯的行为方式。战争与和平的象征是鸟爪分别抓着的箭和橄榄枝，鸟的头部转向橄榄枝。

图 3–2　美国国徽印章正面

在美国白头海雕头部上方的辐射圆盘中，代表最初 13 个州的星星组成了一枚所罗门印章，象征着灵魂与身体、精神与物质的结合。每一个交错的等边三角形，都是一个毕达哥拉斯四元体或“完美的四体三角形”，一个指向上，另一个指向下，由九个点组成，四个点对一个边，包围着代表生成中心（“旋转世界的静止点”）的第十个点，其他点从中获得力量。向上的三角形代表精神能量，向下的三角形代表物质能量。因此，两者交织在一起，代表着被灵性所认知的物质世界。它们也出现在古印度象征性的莲花系列符号中，在昆达里尼觉醒之心的莲花中心“心轮”（图 2-1）中象征着同样的意义。

在古典想象中，毕达哥拉斯四元体的 9 个圆周点代表 9 位缪斯女神，中心点代表阿波罗，9 位缪斯围着他起舞。在犹太人的思想中，这两个三角形的符号组合被称为 magen david，也即“大卫的盾牌”，意为神在以色列的存在（最初是存在于西奈山顶燃烧的灌木丛和云中）。在美国国徽上描绘的是在宪法理性之光的启发下，13 个殖民地作为一个国家聚集在一起：E pluribus unum，意为“合众为一”。尽管在文化上有所不同，但以上这些都是对同一“基本理念”的同源解释。

当被视为一个金字塔的轮廓时，朝上的三角形与国徽背面的金字塔相匹配，其顶点的一个点对应着表示宇宙之眼。正如传统的毕达哥拉斯四元体所象征的那样，从起始点（1：即从永恒的起点到永恒的终点）发出的能量首先产生了二元性（二元，2：尺度与混乱、主体与客体、光明与黑暗、奇与偶、男性与女性等），然后它们以三种方式相互关联（三种关联的方式，3：要么 a 占优势，要么 b 占优势，要么 a 和 b 平分秋色），由此衍生出时空领域的所有现象形式（4：地球和天空分成四等份）。中国《道德经》中有一句“道生一，一生二，二生三，三生万物”。因此，四元体的古代象征意义是：1 分、2 分、3 分和 4 分；当以相反的意义阅读该系列，即升序或返回到源头时，会产生有趣的系列，4 3 2。[①]

当然，同一顺序的含义也适用于向下指的四元体，其顶点开口处的点也是从永恒开始，到永恒结束的。所以“上面的就是下面的”，精神的能量（无论如何命名），无论是从外部（如从眼睛，上面的顶点）还是从世界内部（下面的顶点）开始，都是同一种能量。此外，由于从六角所罗门封印的每个端点开始，相同的 2 到 3 到 4 的递增序列继续进行，因此，美国白头海雕头上方 13 颗星的辐射符号想要表现的意义，必然与黑麋鹿所说“中心无处不在”的本质相同。也就是说，从上到下，从北到南，从东到

① 详见第 1 章关于卡利年代大循环（432 000 年）的内容。——编者注

西，这种“中心无处不在”是18世纪对理性的人性化斗争的另一层含义，普遍反映在人类清晰的意识中。

美国鹰盾上的条纹是13条，它爪子上的箭和橄榄枝的数量也是13，而它尾巴上的羽毛数量是9根。

黑麋鹿在哈尼峰看到的象征性的景象，是“以一种神圣的方式看到的”。正如他所说：“精神中所有事物的形状，它们必须生活在一起，就像一个人一样”，而这一点是由一位特别有天赋的萨满以神秘方式实现的。在我们20世纪的美钞背面，仍然可以看到优雅的18世纪雕刻图案，这代表着我们认识到了一个非凡的自然神论者群体所追求的哲学方式，我们有理由相信，这个国家的建立乃拜他们所赐。它的元素改编自一种古老而又普遍的封闭传统（无疑是从杰斐逊的图书馆和伟大学识中收集来的）。今天人们对它的图形词汇知之甚少，以至于许多人以为它的格言“我们相信上帝”中的“上帝”一词，是对基督教“上帝”的引用，但事实并非如此。因为自然神论者拒绝“堕落”的观念，因此也必定拒绝“救赎”，即拒绝犹太教和基督教的教义。在他们看来，人的本性并不腐败，上帝的观念从一开始就与生俱来地存在于人的头脑中，因此，人可以凭借理性在任何地方认识到上帝，这就足够了。宗教不能容忍的是亵渎，因为在其原始基础和根本意义上，所有宗教都是一体的，就像人类一样。

艺术之道，如果被“恰当地”（在乔伊斯的意义上）遵循，也会通向无处不在的山顶，这些顶峰超越了对立、超越了先验视野。在那里，正如布莱克发现并宣称的那样：“感知的大门被净化了，在人类看来，一切事物都是无限的。”[11] 美钞背面的雕刻作为一件艺术作品传达了它的信息，然而，它是一种已经形成的概念的说明，而不是作为一种情感的、前所未有的图像本身。许多宗教艺术作品都是这种类型的。它们描述已知的传说，关于圣人、天使、化身等诸如此类的形象，它们通常包含标准的象征符号，就像美元背面的自然神论雕刻图案。这些标准的象征符号不仅让人们睁开眼睛去看，而且要通过眼睛去理解，它的意义只有那些已经熟悉传统的人才能知晓。这样的作品也许会让人赏心悦目，但它本身却缺乏魔力，或者像乔伊斯所说的那样，缺乏一幅成功的“恰当”的艺术作品所具有的“光辉”（claritas）。唤醒一个人的心，不是通过作品的形式，而是通过它的内容。如果后者是一个不知名的或已消亡的传统，那么这件作品可能是有趣的，就像美钞在经济上很有魅力，但它不再是一个活着的艺术作品了。

塑造这类作品的艺术家，与其说是创新的创造者，不如说是传统且可靠的祭司，他的知识面之丰富令人叹为观止。例如，我们的美钞上用张开双翼的鹰，表现以仁慈和理性为基础的神学根基和国家政体的关系（图 3-2）。鹰的图案体现了优雅和简洁：头顶上，两个毕达哥拉斯四元体排列成一个所罗门印章；“13”这个数字在图中反复出现；鹰尾巴上羽毛的总和是 9（3+3+3）；橄榄枝和箭都各是 13 支。具有讽刺意味的是，今天，我们把这些社会宣言印在法定货币上传阅，却无法阅读刻在每一个宣言上的民主信息，而正是这些精神激励，使得这些宣言获得了经济价值。

因此，不仅仅是信息，甚至词汇都丢失了，同时所有这些深奥的肖像艺术也失去了融化心灵、陶醉心灵、释放审美魅力的力量。因为在用罗马数字测定金字塔的建造时期之后的短短两个世纪里，不仅在西方世界，而且在整个地球上，意识都发生了巨大的转变。

乔伊斯在《一个青年艺术家的画像》中写道，像他那个时代的每一位年轻艺术家一样，在这个世纪，他已经走到了尽头，成了这一时期的大师。他把心思投入唤醒人们的眼睛和心灵上。带着强烈的使命感，他（就像古希腊工匠大师代达罗斯一样，发现自己被困在自己时尚的迷宫中）将注意力转向发明一门迄今未知的科学，用“艺术之翼”摆脱束缚。为了获得制造艺术之翼的指导，他求助于亚里士多德和他的中世纪弟子阿奎纳：

> 斯蒂芬·代达勒斯说：“阿奎纳说‘Ad pulcritundinem tria requiruntur, integritas, consonantia, claritas.’我这样翻译——‘任何一种美’需要完整性、和谐和光辉这三样东西。”[12]

完整性：这一原则的效果，功能是创造一个自我封闭的、自我定义的、非实际的关系领域。人们可以把任何物体的集合视为一个整体，并在想象中把它们围起来，比如说，桌子上的一堆东西。现在，框架内的一切都被视为一件东西，不是各种用途的无关对象的集合，而是一个作品的相关部分。比如说，桌子或框架外的任何其他物体现在是“其他的”，框架内的东西是一个整体。斯蒂芬说：“你看到了它，作为一个整体。你理解它的完整性。这就是完整性。”[13]

和谐：现在最最重要的是这个或那个物体，是在这里还是在那里？是部分与部分的关系，还是每个部分与整体的关系，抑或是整体与每个部分的关系？这就是审美工具：节奏和谐。这些部分可能是物体、颜色、文字，以及声音、音乐间隔、建筑特征和比例。斯蒂芬说："你从一个点到另一个点，让它用形式线条去引导你；你把它理解为一部分对一部分在其限度内的平衡；你感受到它结构的节奏。"[14]

光辉：当节奏被幸运地敲响时，人们会欣喜若狂地紧握着它，而不将它派上其他用场。斯蒂芬说："你看，这就是它本来的样子，而不是别的，阿奎纳所说的光辉是本义，是一件事物的性质。这种至高无上的品质，是艺术家在想象中首次构思出审美形象时所感受到的。雪莱把那一瞬神秘的心灵，诗意地比作一块褪色的煤。在那一瞬间，美的至高无上的品质，即审美形象清澈的光辉，将心灵完完整整地俘获；它的和谐令心灵着迷，这时的心灵处于审美愉悦中，是一种光明、无声、静止的精神状态。意大利生理学家路易吉·伽伐尼（Luigi Galvani）用一句几乎和雪莱一样诗意的话来描述心灵的狂喜。"[15]

艺术的正当性正在于它的治愈力和它的神奇之处：被理解的美应该有这种力量来照亮感官，使心灵平静，使心灵陶醉。塞尚曾在某处说过，"艺术是一种与自然平行的和谐"。我记得雕塑家安托万·布德尔（Antoine Bourdelle）有句格言："艺术突出自然的轮廓。（L'art fait ressortir les grandes lignes de la nature.）"因为我们知道，大自然既存在于我们的外部，也存在于我们的内部。艺术是内外交接处的镜子。仪式也是如此，神话也是如此。这些都"展现了大自然的伟大线条”，通过艺术和仪式，我们就在自己的深层真理中重建了自己，这与万物的真理是一致的。

因此，以这种“恰当”的方式运作的艺术家，是他所处时代真正的预言家，是生命的辩护者。他比任何（仅仅只是戴着一个非自然面具就在人行道抛洒热血的）狂热的理想主义者都更具革命性，更能洞察他所处时代的社会面具。

因此，完整性、和谐和光辉是乔伊斯所说的任何恰当艺术作品应具备的首要条件。在它自己的空间里，物体或构图被分离出来，作为一种美的事物存在于它自己的本性中，这种体验与观众的体验类似。当这种认知袭来时，会有一个受到震撼的重要时刻，观众会在艺术之镜中看到自己，并被这种神秘感所震慑。当这个物体是另一个活物时，这种认知则是移情的，当别人遭受身体或精神上的痛苦，而这种痛苦又被艺术地表现出来时（如悲剧），观众就会敞开心扉，产生同理心。

斯蒂芬·代达勒斯谈到了最后一种类型和程度的审美停滞，他转向亚里士多德寻求指导。在亚里士多德的《诗学》中，悲剧情感被命名为怜悯和恐惧。斯蒂芬说：“亚里士多德没有定义怜悯和恐惧。我定义了。”然后他继续他的定义（下文粗体是我加的）：

“怜悯是一种情感，它能在人类所遭受的苦难中的任何严肃而**持久**的事物面前，**攫住**人的心灵，并将其与作为**人类**的受难者联系在一起。”值得注意的不是穷人、黑人、失业者，而是作为人类的受难者。

我们正在向人类传递地域、种族或社会的面具。

“恐惧是一种感觉，它能在人类所遭受的苦难中的任何严重和**持久**的事物面前，**攫住**人的心灵，并将其与**秘密**事业联系在一起。”[16] 在这里，我们正走向一种崇高的体验。痛苦的共通秘因是什么？（佛陀把这个问题表述为他的第一个崇高真理：“众生皆苦”。）让我们来看一个例子。

A 先生开枪打死 B 先生。B 先生死亡的秘因是什么？是子弹吗？这是工具性的、移动的或有效的原因。如果我们写的是关于子弹的文章，我们可能会写一本关于枪支管控的小册子，但这不是一件真正的艺术作品。或者说 A 先生是白人，B 先生是黑人。B 死亡的秘因是美国的种族冲突吗？如果这就是我们所写的，那么这部作品可能是一部重要的社会批评小说，但它不会是一部真正意义上的悲剧，甚至不会是一部真正意义上的艺术作品。

那么，B 先生死亡的秘因是什么？

我（在展示中）特意选择了一个黑人和一个白人的插图，因为当时的听众都还记得马丁·路德·金 1968 年 4 月 4 日遭枪击而死，以及在遇刺前不久曾报道过的他勇敢的发言。当时他说他知道，因为他坚持民粹主义，坚持正义、和平，他是在挑战，而不仅仅是反对。因此他可能会遭到暗杀，但他还是要坚持下去。因为这里有一个秘因。

在亚里士多德的《诗学》中，悲剧被作为戏剧创作的一种形式进行分析，在这种形式中，某种激情或限制给主人公带来了灾难。

但是每一个生命，无论是有意识的还是无意识的，都在走向极限——死亡——这是自然规律。此外，每一个重要的行为都会建立起一个反作用的反向场域，这是佛教教义中的“缘起”（pratītya-samutpāda）。同意产生于对立；因此，一方的激情越强烈，另一方就越受限。普鲁登丝夫人建议谨慎地遵循限制原则，保持对生命的热情，直到死神来的那一刻。但是，事迹和名望属于那些用激情将死亡边缘拉到极限的英雄。在一件“不恰当”的艺术作品中，像马丁·路德·金这样的暗杀事件要么被描述为正当的，要么就是应受谴责的。然而，在悲剧中，它可视作对主人公一生的性格和价值的终极揭示；既然一件“恰当”的艺术品不能对生命的庆祝说“不”，而只能说“是”，那么，这种在崇高事业中的死亡将获得肯定、超越悲伤。在这种肯定中，心灵被超越和净化，不再害怕死亡。

亚里士多德用 catharsis（希腊语为 katharsis，取自 kathairein 一词，意为“净化”）一词，来解释悲剧的影响力是“通过怜悯和恐惧来净化情绪”。[17] 在希腊宗教词汇中，这个词指的是参加仪式所带来的精神转变。心灵“净化”了对世俗目标、欲望和恐惧的依恋，释放出精神上的狂喜。例如，柏拉图将“净化”描述为“对快感的打击”。[18] 也就是说，最终的效果不是美（当被看到时，美会让人愉悦），而是崇高（人类理解力的延伸）。[19] 希腊戏剧的整个演艺事业都与狄奥尼索斯的神庙和节日联系在一起。狄奥尼索斯是一位神，不仅象征着葡萄树和醉酒的狂欢，更重要的是，他象征着所有生命的生成力量，即自然的意志。正如我们所说，他在印度教中对应的是湿婆，我们近来见到的湿婆形象是多毛的。湿婆和狄奥尼索斯都是荒野之神和野兽之神，是阳具之神，以及通过“热情”（来自希腊语 enthusiazein，意为“被神启发或拥有”）进行精神传递的神。印度密宗有谚语云“只有神才能受崇拜”，同样是对这种占有状态的表述。公元前 5 世纪的希腊悲剧艺术，是在雅典酒神盛会期间创作和表演的，起源于狂想曲般的庆祝活动，人们通过庆祝这位宇宙之神的内在力量，将其影响传递到人类生命网络的每一个部分。

然而，正如乔伊斯在对斯蒂芬·代达勒斯的描写中所说，亚里士多德没有描述清楚希腊悲剧演员如何通过每个阶段的情节，向观众呈现的上帝内在情感体验，因为他没有（至少在他不完善的《诗学》文本中没有）定义怜悯和恐惧。因此，在过去的 2300 年里，古典学家将“怜悯和恐惧”与“欲望和恐惧”混为一谈，将“净化”解读为通过大量相同的方式“清除”怜悯和恐惧。但是，早期仪式的神秘目的肯定不可能是摆脱怜悯和恐惧，而是激发怜悯和恐惧，因为这是两种卓越的宗教情感。要实现的是通过意识转变来消除世俗的欲望和厌恶（或恐惧）。欲望和厌恶（或恐惧）是动态的。它们激发与现象相关的思想和情感，使人要么拥有它们，要么拒绝它们。相反，怜悯和恐惧是静止的。怜悯（或者换一种更好的说法，同情心）产生于对共同人性的认知。在戏剧中，它们的出现与舞台上的角色有关。此外，通过悲剧情节所揭示的痛苦不是意外或偶尔产生的，而是“严肃而持续地产生的”，是人类生活的原型。从传记到形而上学的突破就此得以实现，时间背景消失了，一种神秘力量塑造了我们的生活，展开了我们的前景，这种力量是宇宙的，同时也是我们每个人的。这种神秘的力量，最终成为在星系中爆炸、在太阳中燃烧、在月球上反射的永恒之火，和在我们的血管中流淌的欲望的痛苦。

“神秘主义者的方式和艺术家的方式是相关的，只是神秘主义者没有技艺。”

深夜，王子乔达摩·悉达多（即释迦牟尼）骑着他那匹华丽的白马犍陟（Kanthaka）离开宫殿，他的车夫车匿（Chandaka）驾车陪伴在他身边，他穿过森林深处，来到一个隐居地，在那里下马。白马犍陟驮着空马鞍被送回宫殿，后来因悲伤而死。

这位未来的佛陀在途中遇见一个又一个隐士、传教士。有一段时间，他加入了一个严格禁食的苦行僧团，瘦到只剩下皮包骨，他想：“这肯定不是通往无激情的知识和解放的道路。”于是他起身离开了禁食区。他很瘦，在可爱的尼连禅河中沐浴后，他用手扶着岸边的树木回到岸上。当他在那里休息时，一位当地牧民的女儿难陀婆罗阇（Nandabala），拿着一大碗牛奶米饭走了过来，释迦牟尼吃下后恢复了精神。他站起来，独自一人，走向菩提树，他在不移之地面向东方静坐悟道。

然后，在他面前出现了世俗生活的原始冲动，其中三个是欲望（Kāma）、死亡（Māra）和社会责任（Dharma）。在他的第一个冲动“欲望”中，神向释迦牟尼展示了他的三个富贵女儿——欲望、喜悦和憔悴。但释迦牟尼无动于衷。

于是，神假扮成令人恐惧的样子，一大群食人魔立即包围了释迦牟尼，向这位受祝福的人投掷武器、炮火，甚至大山，但他仍然无动于衷。于是投掷的武器变成了鲜花。

最后，代表社会责任的达摩之神，这个世界的统治神，开始挑战被祝福者坐在那里不动的权利，而这位未来的佛陀无视神的王国的利益，只移动右手，用指尖触摸大地，这时一个声音响彻整个大地和天空："哦，玛拉，放下你的恶意，平和地去吧。因为这个伟大的存在，他的功绩把他带到了这个中心，永远不会放弃他的决心。"神和他的女儿们以及军队就这样消失了。那天晚上，释迦牟尼获得了具有超凡视野的眼睛，对他生命以外的生命的认知，并且理解了相依起源的法则，即所有存在物都是在相互依赖中产生的。

因此，他现在是"觉醒者"，是一位佛陀（Buddha），在接下来的50年里，他作为一名神秘布道之师在世上行走，始终保持觉醒。[20]

在回顾这个传说时，人们会惊讶地发现，佛陀对手的名字与乔伊斯认为艺术家从"恰当"的艺术方式转变的动机完全一致，即（1）Kāma，即"欲望"；（2）Māra，即"死亡"，也就是"对死亡的恐惧"；（3）Dharma，即"社会责任、美德和承诺"。同样重要的是"不移之地"的概念，未来的佛陀坐在这个不移之地追求他的目标。这与黑麋鹿的"世界中心"相对应，它无处不在，而他从中"以神圣的方式"观察所有事物。它不是一个地理位置，而是一个人从妄想的欲望、恐惧和承诺漩涡中解脱出来的精神状态，正是这些欲望、恐惧和承诺迫使世上的生命承受着悲伤和痛苦。引用 T. S. 艾略特《焚毁的诺顿》（*Burnt Norton*）中的话：

在转动不息的世界的静止点上，既无生灵也无精魂；
但是不止也无动。在这静止点上，只有舞蹈，
不停止也不移动。可别把它叫作固定不移。
过去和未来就在这里汇合。无去无从，
无升无降。只有这个点，这个静止点，
这里原不会有舞蹈，但这里有的只是舞蹈。
我只能说，我们曾在那儿待过，但我说不出是哪儿。
我也说不出待了多久，因为这样就把它纳入时间。
内心超脱了显示的欲求，
解脱了行动和苦痛，也解脱了内心
和身外的逼迫，而被围拥在
一种恩宠之感，一道静静的白光之中，
徐徐上升而又凝然不动。[①] [21]

是在那里，而非“哪里”，眼睛打开了超越的视野，就艺术而言，这一瞬间（再次引用詹姆斯·乔伊斯的话）“美的至高无上的品质，即审美形象清澈的光辉，将心灵完完整整地俘获，它的和谐令心灵着迷……这时的心灵处于审美愉悦的光明、无声的静止状态”。[22]

---

① 中译文采用艾略特：《情歌·荒原·四重奏》，汤永宽译，上海译文出版社，1994，第 67—68 页。——译者注

在印度，瑜伽的经典目标就是达到这种状态。对它的描述多种多样，最后被称为涅槃，它不像天堂那样被视为一个地方，而是在 rāga（激情）、dośa（仇恨）和 moha（错觉）三重火焰的中心逐渐消亡。因为 vā 这个词的意思是“吹”；nir-vā 意为“熄灭，吹灭”，因此，nir-vāna 的字面意思是“吹灭、熄灭、消失”。什么东西被“吹灭”？关于轮回的想法，被“吹灭”的是冲动，需要重生；所以在这个意义上，我们可以说生命（作为未来的生命）已经被摧毁了。然而，现在的化身不是生命，而是欲望、厌恶或恐惧，它们所激发和代表的无知或妄想都被吹走了。我们发现，这些正是乔伊斯认为不恰当的艺术所具有的动态特征，而恰当的艺术是心灵和眼睛的静态状态，这种静态状态已经“被抑制并提升到”这些条件因素之上，在这些因素下，视觉受偏见，现实被夸大。因此，神秘主义者的方式和“恰当”艺术家的方式确实是相关的。

事实上，东方艺术和神秘主义是一样的，只是神秘主义者没有技艺。因为，正如阿南达·库马拉斯瓦米对这一主题的众多论述中所说：“艺术的实践（在印度）是一门学科（瑜伽），从注意力开始，在自我认同中得到完善，以冥想为目标或主题，最终在操作技能中获得成功。”[23] 在《歌者奥义书》（约公元前 2 世纪）中已经有了这样的说法，“汝即彼”，也就是说，你实际上是同一种超越意识的一种形式，所有的现象，无论是物质的还是精神的，都是这种形式。齐默在他的第一部杰作《印度宗教形象中的艺术形式与瑜伽》（*Kunstform and Yoga im indischen Kultbild*）中写道：“对于印度艺术来说，人就是神，艺术的创造是为了让人体验这个真理，不再需要艺术……它存在的理由在于它超越了自身：它只能作为本质出现在一个被无知所限制的人（avidyā）面前，而不是被照亮的人（a-pra-buddha）面前。‘对于精通祭祀和吠陀经文的婆罗门来说，神在火中；对于敬拜者来说，神在他自己的心里；对于还没有被照亮的人来说，神在神圣的形象中；但对于那个意识到最高自我的人来说，神存在于万物之中。’”[24]

因此，值得强调的是，印度艺术的重点不在于眼前的图像，而在于一种背景，一种看不见的力量（婆罗门）或虚空（太阳神）。艺术就在这种背景上跳舞。因为它们是神秘摩耶[①]的迷幻面纱，像泡沫一样从宇宙海洋的碎波中迸发出来，而海的深处仍然是静止的。

在中世纪早期，印度文艺黄金期的笈多王朝时代（4—6 世纪）的传世文献中，有一部关于戏剧的作品，达纳玛伽雅（Dhanaṃjaya）的《十色》（*The Daśarūpa*）[25]。其中戏剧艺术的目的被描述为通过呈现“情感、品味或味道”（rasa）来提供“享受”（svāda），有 5 种“享受”和 9 种“情感”或“味道”。这部作品开头这样写道：

> 至于任何一个头脑简单、缺乏智慧的人，他不能从戏剧中提炼出欢乐，他能收获的只是知识，就像从历史中提炼知识一样，我们向他致敬，因为他扭过头去，不看令人愉快的

① 摩耶（māyā），古印度哲学概念，也译为“幻”，意为“幻、幻象、幻术”。这一概念最早出现在《梨俱吠陀》中。——译者注

> 事情。[26]无论一个人选择的主题是愉快的还是恶心的，高尚的还是卑微的，残酷的还是善良的，晦涩的（如原始故事中的）还是经过改编的（为了更容易理解），或者无论你选择的主题是不是由诗人的想象产生的，任何一个主题都能成功地在人类之间传达情感。[27]

那么，情感就是这种艺术的有效媒介，这个词的字面意思是“汁液或果汁、花蜜、液体、水、饮料”，隐含的意思是“本质”。关于艺术作品，在《十色》中“美”被命名为与该剧有关的9种情感，被分入以下5类“享受”。

1. 情色与喜剧 ⟶ **愉悦**
2. 英雄与奇迹 ⟶ **升华**
3. 可憎的和可怖的 ⟶ **激动**
4. 愤怒与可悲 ⟶ **心神不宁**
5. 和平的 ⟶ **宁静中的幸福**

最后一种与其他不同，不是单独发展成不同的组合，而是作为一种弦外之音或场域，在所有人体验的基础上演绎。这是一种被称为“心境平和”（sāma）的“永久状态”（śthāyin-bhāva）的体验，其特点是“宁静，对感官对象漠不关心，并安息在梵天的知识中”。[28]

在“享受”的问题上，最接近希腊悲剧观念的是“4. 心神不宁”，如“愤怒”（raudra）和“悲情”（karuṇa）的戏剧所示。Raudra（愤怒、暴力、可怕）是一个与吠陀风暴之神的名字Rudra（嚎叫、咆哮）有关的术语，后来人们认为他是毁灭者湿婆。但我们已经看到，湿婆是希腊悲剧的守护神狄俄尼索斯在印度的对应神。因此，这个词在意义上与乔伊斯对亚里士多德“悲剧恐怖”的理解很接近；而“引起怜悯的事物”（即悲情）对应“悲剧怜悯”。《十色》比亚里士多德的《诗学》晚了近千年，对笈多王朝的思想和艺术产生了不容置疑的巨大影响。[29] 但在古希腊和中世纪的印度，我确信同情和恐怖的传播方式肯定有很大不同，因为我在新德里观看了索福克勒斯的《俄狄浦斯王》，那里的观众对情节和人物刻画的残忍性感到震惊，而不是着迷。因为那里没有古希腊悲剧的气氛，也没有那种“摩耶”（幻觉）能将人物的现实从他们的历史中分离出来。丧失了潜意识的栖居地，戏剧的激情、限制和灾难便不能像梦的隐喻一样发挥作用。更确切地说，希腊悲剧中的情感释放在作品结尾和观众头脑，是一种视角的转变。

第一类印度戏剧通过提供情色（śṛingāra）和喜剧（hāsya）情调来提供“愉悦”，这在诗人迦梨陀娑（Kālidāsa）的经典杰作《沙恭达罗》中最能体现，这部梵文戏剧作品被译为西方的各种语言，1789 年首次用英语演出；歌德随后写下了常被引用的诗句：

> 如果你希望早年的花朵和晚年的果实，
> 祝你拥有迷人、令人兴奋、营养丰富的东西。
> 希望用一个名字捕捉天地：
> 我为你命名，沙恭达罗，一切都说了。[30]

与戏剧艺术的经典设计一样，迦梨陀娑戏剧中的快乐来源于一个单一的原型或曰“永恒状态”。它始终保持不受干扰，通过修改变形，由一个辅助的、次要的状态来平衡，并在每种情况下加以说明。这出戏剧的“永恒状态”是“爱”（rati），它不仅表现为国王对在森林隐居地发现的一位出身高贵的年轻女子的迷恋，还表现为沙恭达罗对森林及生物的爱，以及动物对温柔女孩的爱；国王对臣民的爱，人民对他们的国王的爱；信徒崇拜他们的神，自然秩序本身对崇拜他们的善良的人的爱。气氛中充满了爱，作为第二永久状态的“欢乐”优雅地辅助在其中。情节围绕迷恋、分离和重聚展开。正如《十色》中总结的那样：“就像一个动词……当它和与之相关的名词结合时，是一个句子的本质，所以一个表示永久状态的动词，当它与其他状态结合时，便是一部戏剧的本质。”[31]

第二类戏剧享受是“升华”，源于英雄（vīra）和奇迹（adbhuta）故事。瓦格纳从中世纪欧洲日耳曼史诗和凯尔特史诗中汲取营养，创作出了他的《尼伯龙根的指环》（*Der Ring des Nibelungen*）和《帕西法尔》（*Parsifal*）。梵文术语 vīra（意为“威武、勇敢、英勇”，也有“战士、冠军、英雄”的意思）在词源和意义上与英语的 virile（拉丁语 virilis，意为“成年男性”）和古德语的 wer 及古爱尔兰语的 fer 都有关联。“美德”（拉丁语 virtus）一词在这个语系早期的意义上也是指产生结果的任何类型的“卓越”“能力”或“力量”，也就是说，在早期它具有同样的英雄意义。尼采在他的《论道德的谱系》（1887）中提到，随着后来对“美德”的理解转变为“遵守基督教道德准则”，英雄艺术在西方失宠（17 世纪初塞万提斯的《堂吉诃德》是“英雄”

的末日余晖），只以浪漫怀旧的方式（如瓦格纳的戏剧）反映一个不可思议的过去的时代。梵文中的 adbhuta（意为“奇妙、令人惊讶、超自然、超然”）一词让我们知道，这些行为不应该从字面理解，而应该被诗意地理解为人类精神所珍视的力量的隐喻。但是，即使作为隐喻，它们也不再受到积极的重视。事实上，美国人甚至有反英雄的作品，表现得最好也最“奇妙”的是 1918—1940 年查理·卓别林[①]的作品。

第三种享受是“令人厌恶”的“激动”（bībhatsa）和“可怖”（bhayānaka）的情绪，似乎代表了印度与不少现代艺术密切相关的精神状态。这两个梵文术语，bībhatsa 的含义是“令人厌恶、恶心、丑陋、可憎”，此外还有“残忍、嫉妒、邪恶”之意；bhayānaka，意为“可怕、吓人、可怖、恐怖”。这些意欲表达的情感与第四类的愤怒和悲情截然不同。因为首先，这里没有同情（karuṇā），而第二类 raudra 一词指的是愤怒之神的“狂暴和愤怒”（即 Rudra，湿婆可怕的一面），而 bhayānaka 一词指的是“永恒状态”，不是“愤怒”（krodha），而是“恐惧”（bhaya）。因此，所代表的两种状态分别是“厌恶（jugupsā）”和“恐惧（bhaya）”，这使我们危险地接近乔伊斯对不恰当艺术的定义——只不过在这种艺术中没有教条主义。艺术的目的不是“知识或诸如此类”，而是“享受”，所表达的情感是永恒的，不是要纠正，而是要体验。

---

① 查理·卓别林（Charlie Chaplin，1889—1977），伦敦人，英美影视艺术界著名的演员、编剧、导演和默片喜剧艺术大师，有《狗的生活》《淘金记》《马戏团》《城市之光》《摩登时代》等多部影片载入影史。——译者注

此外，在印度艺术中，总是有一种内在神性的意蕴被认可。正如克里希纳（Krishna）在《薄伽梵歌》中所写的那样，保护神毗湿奴的指引化身说："一个被瑜伽束缚的人，以同样的方式看待所有的存在，在所有的存在中识别自我。当他这样在我的每件事物中感知我时，我不会被他丢失，他也不会被我丢失。"[32]所以，最后，所有的一切，所有的斗争和冲突，都在神主那里安息。

这就是第五种享受类型："宁静中的幸福"。正如前面所提到的，"宁静中的幸福"不是以不同的构图单独发展出来的，而是作为一种持续的弦外之音或场域。它的"永恒状态"是"心灵的平静"，其特点是"平静，对感官对象漠不关心，安息在梵天中的知识"，而通过"情感"来实现的是"平静"。这种体验仅仅是艺术作品和谐构图的一种效果：乔伊斯称之为"美的节奏"，是部分与部分的关系，每个部分与整体的关系，以及整体与每个部分的关系。在它自己的框架内，与现象性（整体性）的一般语境不同，所创作的戏剧、舞蹈或史诗故事是在它自己的和声安排（节奏）的语境中呈现的。在这种语境里，它被尝味者[①]（"味"的欣赏者、观看者、鉴赏家，即审美者）认作"先验的"，正如我们从梵歌中学到的，它作为"自我"的启示，是所有生命的"自我（梵天）"。因此，乔伊斯的"什么性"（quidditas）[②]，或者说艺术对象的"什么性"，用印度语言来说正是梵

① 尝味者（rasika），印度诗学中论味论派和曲语论派有关理想读者的概念，又译为读想者。——译者注

② 西方哲学术语，拉丁文中的 quidditas（什么性）意即 essentia（本质），又译为"所是""何所性"。——译者注。

天。而他所写的“光辉”(radiance)或“光彩”(claritas),作为审美停滞的场合,是对梵天的认知中“安息”的“气味、味道或情感”。此外,无论主题是什么,当用消除了迷惑性欲望和恐惧的视角来观察时,就会产生对光辉的认知。再比如梵歌中所说:“无论是一位博学而谦逊的婆罗门、一头牛、一头大象、一条狗,甚至是一个吃狗的人,开明的人都会以同样的眼光看待。”[33]

神秘主义者之道和艺术家之道是相关的,当然(就像《因陀罗的谦卑》中的多毛形象传说),神秘主义者可能会对世界漠不关心,甚至鄙视。在禁欲主义的文学作品中,有大段大段的文字贬低身体、身体功能和身体动机。罗摩克里希纳的大弟子斯瓦米·维韦卡南达临死前听到有人低声说:“我吐出了尸体。”然而,一位艺术家用自己的技艺热爱着这个世界,用同样的眼光看待婆罗门、狗、食狗者、杀戮者和被杀者,无论是在迷人的审美中,还是在怜悯(共同的痛苦)中,或是在纯粹的恐惧中,他都不能不认识到每一个人。正如纳撒尼尔·霍桑(Nathaniel Hawthorne)在他的短篇小说《“幻想”的魔法盒》(*Fancy's Show Box*)中所说,梦和幻想展示了每个人内心深处的真相:“人不应放弃自己的兄弟情谊,即使是最有罪的人。”[34]

然而,最近有一些西方艺术家发现,对社会评价如此漠不关心是应受谴责的。例如,我想到了托马斯·曼(Thomas Mann),在《浮士德博士》(*Doctor Faustus*)和《骗子菲利克斯·克鲁尔的自白》(*Felix Krull*)这两部他晚年的主要作品中,他都把职业艺术家描述为一个道德上可疑,甚至具有社会危险的骗子——故意选择精神疏离的立场，但却提供了模棱两可、自私自利的艺术作品，不仅期望得到支持和报酬，同时也希望得到社会的认可，甚至是那种对天才的崇拜。曼在这里继承并发展了瓦格纳的论点。[35] 此外，弗洛伊德的精神分析学也说艺术是一种病理症状。用弗洛伊德的话说：

> 有一种从幻想回到现实的方式，那就是艺术。首先，这位艺术家性格内向，几乎是神经质的。他受到异常强烈的冲动的约束，渴望荣誉、权力、财富、名望和女性的爱；但他缺乏获得这些满足感的手段，因此，他便像其他任何得不到满足的人一样，远离现实，将所有的兴趣连同性欲转移到他想象中的一厢情愿的幻想中，而这些幻想可能会真的让他患上神经病。即使他没有一步步按着上述的过程来，至少也会踩中其中的几个要素。事实上，众所周知，神经质经常会给艺术家的身体或精神带来或多或少的障碍。他们的体质可能包括强大的升华能力，以及某种程度的放松，这种放松必定能够压制冲突。然而，艺术家还是通过一些方式找到了回归现实的道路。
>
> 当然，他不是唯一一个活在幻想里的人。事实上，幻想王国是一个常常被光顾的度假胜地，每一位失意者都会到那里寻找精神支持和安慰。然而，那些不是艺术家的人从幻想之井中获得快乐的能力极其有限。他们残酷地压抑自己，逼着自己不敢去做任何哪怕是一点点白日梦，逼着他们自己变得清醒。此外，他还拥有一种神秘的能力，可以把他幻想的

> 东西用某些特定的材料塑造成现实。最后，他还知道如何从潜意识中通过这些形象带来许多快乐，以至于暂时克服和消除压抑。这个人能够实现这一切，并且还能使其他人从他们自己的潜意识源泉中再次获得鼓舞和安慰，而这些人自己是没有能力获得这一切的，因此艺术家赢得了这些人的感谢和钦佩，最终他通过他的幻想赢得了他最初只在他的幻想中才能获得的东西：即荣誉、权力和女性的爱。[36]

然而，最后讨论的问题不是个人心理、疏离和怨恨，而是形而上学与其领域内的道德之间无法避免的冲突，不仅包括艺术，还包括神话、宗教和社会行动。因为在19世纪，这两种对立的人类经验、关注和满足感在西方被日益工业化的大规模智力中心和民主化的激进唯物主义夸大到了如此程度，以至于神话中任何具有社会秩序的功能性的、基础的东西（无论哪个社会阶层的个人，参与隐喻性的节日，都应该与所有人结合在一起，以深刻地分享他们对知识和生活的体验）都无关紧要地消失了。这样一来，真正的艺术家就失去了他的公共功能。如今，为纪念当地历史事件和人物而发明的纪念碑，很难与早期的挑战文化隔阂、流芳百世的艺术相媲美。因此，今天真正的艺术家唯一能服务对象是个人：将他们还原成被遗忘的原型，即大自然的轮廓，而这些原型已经隐没在杰里米·边沁（Jeremy Bentham）“最伟大的（经济）利益”的哲学争鸣的乌云背后，看不见了。

托马斯·曼在其早期中篇小说《托尼奥·克律格》（*Tonio Kröger*，1903年出版，当时乔伊斯正在创作《一个青年艺术家的画像》）中描述了一位19世纪末的年轻艺术家努力在道德和形而上学之间，或者像曼所说的那样，在自然和精神之间寻找艺术出路的困境。小说主人公托尼奥在慕尼黑加入了一个由波希米亚人组成的高智商团队，但不久他就发现团队成员对其他人的优越感令人无法忍受。于是他脱离了他们，又寄回去一封精心准备的信，信中宣扬了一种美学理论的核心思想，而这种理论实际上变成了托马斯·曼职业生涯中激励自己的灵感。

托尼奥写道：

> 我对那些冷酷、高傲的人感到惊讶……他们探索着恶魔般的、浮夸的美的道路，并且鄙视“人类”。但我并不羡慕他们。因为如果有什么东西能使一个文人成为诗人，那一定是我的家乡对人类、生灵和普罗大众的爱。所有的温暖、善良和幽默都源于这种爱。的确，在我看来，这一定就是那本书所写的那种爱。一个人可能会说人类和天使的语言，但如果没有爱，语言也不过是会叫唤的铜片和叮当作响的钹。[37]

大约20年后，托马斯·曼在回应对他语言表述的坦率批评时，进一步阐明了他起初称之为其艺术的“色情”或“造型反讽”：是对自然和精神的双重忠诚，对爱和真理的双重忠诚。在这里，为了替自己辩护，他从心理学角度证明了他在上述小说中所谴责的品质，以及他晚年所再次谴责的品质是正确的。“正确的字眼会伤人。”他写道：

> 艺术家被赋予感性的唯一武器，用来对外表和经历做出

反应，以美的方式为他辩护，就是这种表达的描绘：这种反应（用一种激进的心理付诸言语）给了他对经历的崇高报复；他越感性，观察所触及的情感就越细腻。这就是这种冷酷无情又精确的命名的来源；这里是颤抖的、拉着的弓，从弓上飞出尖利的、长着羽毛的字，它嗡嗡作响，捶打着、颤抖着钉在它的标记上。

弓柄和柔和的竖琴不是阿波罗的乐器吗？没有什么比冷酷和激情相互排斥的概念更远离艺术的真理了：我声明我有了一个灵感，在人类的意义上是敌意和恶意。而最大的误解是从这一声明中竟然得出了带有批判性的准确结论。[38]

“众生皆苦！”这就是佛陀的第一个崇高真理。因此，这把颤抖的、拉满的弓的目标，即是羽箭的预期目标，只是在艺术家亲身参与的语境中所表现出的一个特征，而将箭射向靶的力量是同情。此外，箭不是艺术家自己的，而是送给他的礼物，他是这件礼物的代理人，精神是他与时间相爱的产物，而这把弓箭是来自精神的礼物。

曼继续他的论点写道：

诗人，不能完全奉献自己的人是一个无用的苦工……世界是我的“想法”（meine Vorstellung），我的认知方式，我的痛苦，我的梦想，但我如何才能做到在奉献自己的同时不用放弃世界？[39]

在第一次世界大战“无休止的噩梦”期间，乔伊斯仍然在瑞士平静地创作着《尤利西斯》，而曼则在四面楚歌的德国境内苦著着一本政治反思的书《一个不关心政治者的观察》（*Betrachtungen eines Unpolitischen*）。[40] 书中详尽地分析了那些相互争斗的怪物国家的相对人性价值，而这些国家当时正在向他们共同的上帝献祭该大陆的青春、男子气概和文明。托马斯·曼并没有将自己的思想从判断中解放出来，以平等的眼光看待婆罗门、牛、狗和食狗者，而是作为一个“好的欧洲人”，将自己的整个灵魂用来彻底审视同时代欧洲的良知。而乔伊斯年轻时就已经在《一个青年艺术家的画像》中完全脱离了他的文化价值观。“我不再服侍神。”他自豪地引用了一句话，这句话被认为是路西法对造物主上帝的蔑视。“无论它自称为我的家、我的祖国还是我的教会，我都不会继续服务我不再相信的事物。”[41]

此外，正如我们从《西藏亡灵书》① 中了解到的那样，同情有两种：有依恋的同情心和没有依恋的同情心。[42] 后者属于佛陀，有助于开悟，而前者则在饥饿的鬼魂中重生。

因为审判（说教）的眼睛，无论是否定的还是参与的，与金字塔顶端的眼睛都是由一种完全不同的共享痛苦和爱的秩序所支配的，这是上帝的眼睛，是外在和内在的上帝之眼。正如赫拉克利特（Heraclitus，公元前 540—前 480）所说，对他们来说，“一切都是

① 据沈卫荣介绍：“1927 年 8 月 12 日，来自美国加州圣迭哥市的伊文思（Walter Evans-Wentz）先生编辑、出版了一本名为《西藏亡灵书》（*The Tibetan Book of the Dead*）的奇书，在英语世界引起轰动。这本书很快成为西方世界首屈一指的来自东方的圣书，一本超越时间的世界精神经典（a timeless world spiritual classic）。”参见《贤者新宴》第 3 辑，河北教育出版社，2004。——译者注

公平的、善良的和正确的；但人们认为有些事情是错误的，有些事情是正确的”。[43] 福音书（《马太福音》7：11;《路加福音》6:37）告诫我们：“你们不要定人的罪，就不被定罪。”在圣保罗写给罗马会众的信中，他又一次写道：“因为神将众人都圈在不顺服之中，特意要怜恤众人。”（《罗马书》11：32）

《芬尼根的守灵夜》中，詹姆斯·乔伊斯把这最后一句话作为他小说的座右铭。通过无限重复，通过无数的变换，在这本神秘之书的每一章中植入了对保罗悖论的隐晦引用。比如提示数字 1132 [44]：作为日期，一天中的时间，作为法律文件、音乐作品、街道地址、注册专利等各处的编号。通过扮演他生命中最伟大杰作的主角，他指出了这种对精神信息的不懈引用。他为这部杰作辛勤工作了至少 17 年（1922—1939 年）。他是克伦威尔带来的产物：一个“都柏林英吉利人”①。

曼在他严谨的《第一次世界大战日记》中写道：“令我心满意足的是，我在德国历史上找不到任何东西可以与英国对待爱尔兰的方式相比。”[45] 几个世纪以来，经济和军事帝国主义、殖民主义和虚伪的民主被曼视为英国的遗产，而美国也走上了同样的道路。然而，20 年后，在一篇政治文章中，曼在美国巡演时敦促这个国家加入第二次世界大战。他用修辞的方式问道：“在英国人看来，这个世界被掌握

① 乔伊斯的《芬尼根的守灵夜》《尤利西斯》《一个青年艺术家的画像》等作品，都深刻书写了爱尔兰首都都柏林和都柏林人的心灵史。爱尔兰长期作为英国殖民地，饱受压迫，文化断裂和受害记忆成为爱尔兰文化的一道伤痕。英吉利共和国首位护国主克伦威尔即为不列颠帝国统治爱尔兰的一个标志性人物。——译者注

在正确的好人手中，这一点可以否认吗？”[46]

具有讽刺意味的是，美国著名作家埃兹拉·庞德当时正在意大利广播中谴责西方联盟，这与曼写于第一次世界大战的《一个不关心政治者的观察》非常相似。我相信斯特林堡[①]曾经说的“政客是独眼猫”，只有右眼或左眼。或者一个人可以先闭上一只眼睛，然后闭上另一只眼睛。

但艺术家用两只眼睛看，只有他一个人能看到中心。正如艾略特所看到的，“那里只有舞蹈”[47]，那仍然是舞蹈所在的地方。

因此，最后，必须问一句：“一个人的怜恤能达到多大程度？”（《罗马书》11:32）因为只有到达足够的深度，内在世界和外在世界才会相遇。到目前为止，一个人的艺术已经达到了极限。正如加利福尼亚人罗宾逊·杰弗斯（Robinson Jeffers）在他的诗《自然音乐》（*Natural Music*）中所写：

海洋古老的声音，小溪的鸣声，
（冬天给了他们金换银
把他们的水染成绿色，河岸染成棕色）
从不同的喉咙吟诵一种语言。
所以我相信如果我们有足够的力量去倾听
欲望和恐怖的分裂
病态国家的风暴，饥肠辘辘的怒火城市，

---

① 斯特林堡（Johan August Strindberg，1849—1912），瑞典戏剧家、小说家。——译者注

这些声音也会被发现
像孩子一样干净；或者像一个独自跳舞的女孩的呼吸
在海边，梦见恋人。[48]

注 释

引言　神话是生命的共通语言

1. 斯宾格勒对俄罗斯命运的看法，参见 *Der Untergang des Abendlandes*, 2 vols. (Munich: C. H. Beck´sche Verlagsbuchhandlung, 1918—1922), vol. 2, pp. 231—237. 英译本见 *Decline of the West*, trans. By Charles Francis Atkinson (New York: Knopf, 1926—1928), vol. 2, pp. 192—196. “假晶”（pseudomorph）是一种具有其他矿物外观的矿物；在斯宾格勒的意义上，表示一种通过外来传统形式表达的文化。例如，公元前 1 世纪的阿拉伯文化被统摄于罗马的形式下。

2. Adolf E. Jensen, *Über das Töten als Kulturgeschichtliche Erscheinung*, in Jensen (ed.), *Mythe, Mensch und Umwelt* (Bamberg: Bamberger Verlagshaus Meisenbach, 1950; reprint. New York: Arno Press, 1978), pp. 24, 37.

3. W. B. Yeats, *The Collected Poems of W. B. Yeats*, “The Second Coming” (New York: Macmillan, 1966), pp. 184—185.

4. *Kena Upaniṣad* 29.

5. *Chhāndogya Upaniṣad* 24—25.

6. William Blake, "The Marriage of Heaven and Hell," with an introduction and commentary by Sir Geoffrey Keynes (London/New York: Oxford University Press, 1975), p. 197.

7. Ananda K. Coomaraswamy, "The Vedanta and Western Tradition," in Roger Lipsey (ed.), *Coomaraswamy*, 3 vols. Bollingen Series LXXXIX (Princeton, N.J.: Princeton University Press, 1977), vol. 2, pp. 6—7; citing Walt Whitman, "Song of Myself," part 17, line 1, in *Leaves of Grass*.

8. *Kena Upaniṣad* 1.3 and 2.5. Italics and translation, mine.

9. James Joyce, *Finnegans Wake* (London: Faber and Faber; New York: Viking, 1939), p. 455, line 26.

10. Yeats, op. cit., p. 185, conclusion.

01 神话想象的宇宙尺度

1. Immanuel Kant, *Prolegomena zu einer jeden künftigen Metaphysik, die als Wissenschaft wird auftreten können*, par. 36—38.

2. 这一创意点在意义和功能上都与印度的“明点”（bindu）完全一致，原始发音为 nāda，意为“呼喊着宇宙”。

3. Plato, *Timaeus*, 90d.

4. Ananda K. Coomaraswamy, "The Part of Art in Indian Life," in Roger Lipsey (ed.), *Coomaraswamy*, 3 vols. Bollingen Series LXXXIX (Princeton, N.J.: Princeton University Press, 1977), vol. 1, pp. 71 ff.

5. Plotinus II.9.16, cited and translated by Coomaraswamy, "Samvega: Aesthetic Shock," in Lipsey (ed.), op. cit., p. 185, n. 10, addendum.

6. John G. Neihardt, *Black Elk Speaks* (Lincoln, Neb.: University of Nebraska Press, 1968), pp. 20—47.

7. Ibid., footnote.

8. "Grimnismal," 23; Henry Adams Bellows, trans., *The Poetic Edda* (New York: The American-Scandinavian Foundation; London: Oxford University Press, 1923), p. 93.

9. Julius Oppert, "Die Daten der Genesis," *Abhandlungen der Königlichen Gesellschaft der Wissenschaften zu Göttingen*. Nachrichten, no. 10 (May 1877), pp. 201—223.

10. Kenneth H. Cooper, M.D., M.P.H., *Aerobics* (New York: Bantam, 1968), p. 101.

11. See Theodore H. Gaster, *The Dead Sea Scriptures in English Translation* (Garden City, N.Y.: Doubleday, 1956), pp. 281—306.

12. *The Book of the Twenty-four Philosophers* (*Liber XXIV philosophorum*), in *Abhandlungen aus dem Gebiete der Philosophie und ihrer Geschichte.*

Festgabe zum 70. Geburtstag Georg Freiherrn von Hertling (Freiburg im Breisgau: Herdersche Verlagshandlung, 1913), p. 13.

13. Friedrich Nietzsche, *Der Wille zur Macht* (1901), par. 223.

14. 乔伊斯在《芬尼根的守灵夜》中，赋予他梦中的女主人公安娜·利维娅·普鲁拉贝尔（Anna Livia Plurabelle）同样的多形性角色。他在参考资料中全面介绍了该角色的印度原型，同时她的打鼾的配偶 HCE 对应毗湿奴。

15. *Brahmavaivarta Purāṇa*, Kṛṣṇ-janma Khanda, 47.50-154. Translation following Heinrich Zimmer, *Myths and Symbols in Indian Art and Civilization*, edited by Joseph Campbell, Bollingen Series VI (New York: Pantheon, 1946; Princeton, N.J.: Princeton University Press, 1972), pp. 3—11.

02 神话与宗教的隐喻意义

1. *Chhāndogya Upaniṣad* 8.3.2.

2. Immanuel Kant, op. cit., par. 58, footnote 2.

3. 对这个康德公式与解释原住民神话故事之间关系的讨论，参见我的著作 *The Flight of the Wild Gander* (New York: Viking, 1969) 的第三章“作为形而上学家的原始人”。该章最初是作为对 Paul Radin 的纪念文章出版的，参见 Stanley Diamond, (ed.), *Culture in History* (New York: Columbia University Press, 1960) 。

4. See W. B. Yeats, *A Vision* (New York: Macmillan, 1925, 1938, 1956, 1961) .

5. *Chhāndogya Upaniṣad* 9.4. and passim.

6. *The Gospel According to Thomas*, Coptic text, established and translated by A. Guillaumont, H.-Ch. Puech, G. Quispel, W. Till, and Yassah'abd al Masih (Leiden: E. J. Brill; New York: Harper, 1959), p. 43.

7. Ibid., p. 57.

8. Einar Pálsson, *Hypothesis As a Tool in Mythology* (Reykjavík: Mímir, 1984).

9. Ananda K. Coomaraswamy, The *Ṛg Veda As Land-Náma Bók* (London: Luzak, 1935), p. 34, n. 37.

10. 这一经典的英语演讲由阿瑟・阿瓦隆（约翰・伍德罗夫爵士）主持，参见 *The Serpent Power* (Madras: Ganesh & Co.; London: Luzak, 1913, 3rd rev. ed., 1931)。

11. Franz Pfeiffer *Meister Eckhart* (1857), trans. C. de B. Evans, 2 vols. (London: John W. Watkins, 1947), vol. 1, Sermon XCVI, p. 239. 有一点需要补充，埃克哈特的 28 项神学主张遭到了当时的教皇约翰二十二世的反对。

12. *The Gospel of Sri Ramakrishna*, trans. with a preface, Swami Nikhilananda (New York: Ramakrishna-Vivekananda Center, 1942), p.355.

13. Dante Alighieri, *The Divine Comedy*, trans. Charles S. Singleton, 6 vols. Bollingen Series LXXX (Princeton, N.J.: Princeton University Press, 1975): *Paradiso*, Canto XXXIII, lines 114—141, vol. 3, part 1, pp. 378—381.

14. *Ramakrishna*, op. cit., p. 355

15. Ibid., p. 858.

16. Ibid., p. 859.

17. Ibid., p. 103.

18. Philippians 2:8. *The Holy Bible: New Testament*, Revised Standard Version. The inserted reading, "clung to," is from *The Jerusalem Bible* (Garden City, N.Y.: Doubleday, Imprimatur, 1966).

19. Avalon, op. cit., pp. 108—114.

20. Avalon, op. cit., pp. 228—230.

21. *Ramakrishna*, op. cit., pp. 829—830.

22. Dante Alighieri, op. cit., *Inferno*, Canto XXXIV, lines 28—51, vol. 1, part 1, p. 363.

23. *The Gospel According to Thomas*, op. cit., pp. 3, 57.

24. James George Frazer, *The Golden Bough* (1890; reissued in 12 vols., 1907—1915), 1 vol. ed. (New York: Macmillan, 1922), p. 386.

25.《凯纳亡灵书》（底比斯十九王朝），参见 Nederlandsches Museum van Oudheden te Leyden. C. Leemans, *Ägyptische Hieroglyphische Lijkpapyrus*, T. 2, *van het Nederlandsche Museum van Oudheden te Leyden*, Leyden, 1882；另参见 Hannelore Inner 122 Reaches of Outer Space Kischkewitz and Werner Forman, *Egyptian Drawings* (London: Octopus Books, 1972), plate 42。我把这一非凡场景的发现归功于艺术家马克·哈塞尔里斯（Mark Hasselriis），而其来源的确定则要归功于美国加利福尼亚州帕萨迪纳市的富勒神学院的理查德·史密斯（Richard Smith）教授。

26. *The Horizon Book of the Arts of China* (New York: American Heritage, 1969), p. 52.

27. Françoise Henry, *Irish Art during the Viking Invasions* (Ithaca, N.Y.: Cornell University Press, 1967), plate 80.

28. Eleanor Hull, *Early Christian Ireland* (London: David Nutt, 1905), pp. 150—161.

29. Avalon, op. cit., p. 215.

30. Daisetz T. Suzuki, “The Role of Nature in Zen Buddhism,” in Olga Fröbe-Kapteyn (ed.), *Mensch und Erde*. Eranos-Jahrbuch, vol. XXII (1953) (Zurich: Rhein-Verlag, 1954), pp. 294—295.

31. Jeff King and Maud Oakes, edited with a commentary by Joseph Campbell, *Where the Two Came to Their Father: A Navaho War Cere-*

monial (Bollingen Series I, 1943; New York: Pantheon, 1943; 2nd ed., Princeton, N.J.: Princeton University Press, 1969), p. 8.

32. *Altar of the Caduceus*, a.d. 15th century. *Codex Fejérváry-Mayer*, fol. 27. Merseyside County Museums, Liverpool, England.

33. R. Gordon Wasson, Albert Hofmann, and Carl A. P. Ruck, *The Road to Eleusis: Unveiling the Secret of the Mysteries* (New York: Harcourt, Brace, Jovanovich, 1978).

34. R. G. Wasson, *Soma: Divine Mushroom of Immortality* (New York: Harcourt, Brace, 1968).

35. Sylvanus Griswald Morley, *The Ancient Maya* (Stanford, Calif.: Stanford University Press; London: Oxford University Press, 1946), pp. 43, 284.

36. Heinrich Zimmer, op. cit., p. 15.

37. Verse from "The Blessing Chant," cited by Margaret Schevill Link, *The Pollen Path* (Stanford, Calif.: Stanford University Press, 1956), title page.

38. Jeff King and Maud Oakes, op. cit.

39. *Ramakrishna*, op. cit., pp. 362—363.

40. Ibid., p. 374.

41. Ibid., p. 830.

42. Gladys A. Reichard, *Navaho Religion: A Study of Symbolism*, 2 vols., Bollingen Series XVIII (New York: Pantheon, 1950), vol. 2, p. 390.

43. Ibid., vol. 1, p. 194.

44. Ibid., vol. 1, p. 193.

45. Ibid., vol. 1, pp, 197—200.

46. Ibid., vol. 1, pp. 190—192.

47. Ibid., vol. 1, p. 191.

48. Ibid., vol. 1, p. 192.

49. *Where the Two Came to Their Father: A Navaho War Ceremonial*, text and paintings recorded by Maud Oakes, given by Jeff King, commen-tary and introduction by Joseph Campbell, Bollingen Series I (New York: Pantheon, 1943; Princeton, N.J.: Princeton University Press, 1969).

50. Mircea Eliade, *Shamanism: Archaic Techniques of Ecstasy*, Bollingen Series LXXVI (New York: Pantheon, 1964), p. xvii.

51. *The Gospel According to Thomas*, op. cit., p. 55.

52. Avalon, op. cit., pp. 21—22.

53. *Ramakrishna*, op. cit., p. 355.

54. *Aṣṭāvakra Samhita* 6.1.

55. Dante Alighieri, op. cit., *Paradiso*, Canto XXX, lines 100-108, vol. 3, part 1, p. 341.

56. Ibid., Canto XXXI, lines 1—18, p. 347.

57. Dante Alighieri, op. cit., *Inferno*, Canto XXXIV, lines 37—45, vol. 1, part 1, p. 363.

58. *Hovamal*, 139-143; Bellows, op. cit., pp. 60-61.

59. *Grimnismal*, 31-32; ibid., p. 97.

60. *The Gospel According to Thomas*, op. cit., p. 25.

61. *Vivekacūḍamaṇi* 544—545.

62. Avalon, op. cit., pp. 290—291.

63. *Aṣṭāvakra Samhita* 15.6.

64. Natalie Curtis, *The Indians' Book* (New York/London: Harper and Brothers, 1907), pp. 349—350.

65. Ibid., p. 352.

66. Ibid., pp. 355—356.

67. Ibid., p. 349.

68. *The Gospel According to Thomas*, op. cit., p. 3.

69. Ibid., p. 43.

70. Ibid., p. 55.

71. *Vivekacūḍamaṇi* 516.

72. *Aṣṭāvakra Samhita* 1.16.

73. Arthur Schopenhauer, *"Transcendente Spekulation über die an-scheinende Absichtlichkeit im Schicksale des Individuums," Parera und Paralipomena*, I. Teil, *Sämtliche Werke*, 12 vols. (Stuttgart: Verlag der Cotta'schen Buchhandlung, 1895—1898), vol. 8, pp. 205 ff.

74. Ibid., p. 221.

75. Ibid., pp. 224—225.

76. Junjiro Takakusu, *The Essentials of Buddhist Philosophy* (Honolulu: University of Hawaii Press, 1947, 2nd. ed., 1949), p. 114.

77. Arthur Schopenhauer, *"Die beiden Grundproblemen der Ethik," II. "Über das Fundament der Moral"* (1840), op. cit., vol. 7, pp. 253—254.

78. Ibid., p. 293.

79. Ibid., p. 254.

80. Ibid., p. 293.

81. Johann Wolfgang von Goethe, *Faust* II.5. 12104—12105.

82. Friedrich Nietzsche.

83. *Kena Upaniṣad* 2.3.

03 神话是艺术的灵感之源

1. *Brahmavaivarta Purāṇa*. Kṛṣṇa-janma Khanda 47.154—161.

2. See for this identification, Alain Daniélou, *Shiva et Dionysos* (Paris: Librairie Artheme Fayard, 1979), Engl. trans., *Shiva and Dionysus* (New York: Inner Traditions International, 1984).

3. James Joyce, *A Portrait of the Artist As a Young Man* (London: Jonathan Cape, Ltd., 1916), p. 211.; Viking Compass Edition, p. 207. The quotation is from *Summa Theologica* 1.5.4 AD. 1.

4. Friedrich Nietzsche, *Nietzsche contra Wagner, "Wo ich Einwände mache."*

5. Friedrich Nietzsche, *Der Wille zur Macht*, par. 808.

6. *Webster's New International Dictionary of the English Language* (Springfield, Mass.: G. & C. Merriam, 1937), p. 2511, item "sublime," n.

7. Friedrich Nietzsche, *Der Wille zur Macht*, par. 853.

8. Joyce, op. cit., p. 235 (Viking Compass Edition, p. 207).

9. Ibid., p. 233.

10. Neihardt, op. cit., p. 47.

11. "The Marriage of Heaven and Hell," in Keynes (ed.), op. cit., p. 197.

12. Joyce, op. cit., p. 241 (Viking Compass Edition, p. 212).

13. Ibid., p. 241.

14. Ibid.

15. Ibid., pp. 242—243 (Viking Compass Edition, pp. 212—213).

16. Ibid., pp. 232—233 (Viking Compass Edition, p. 204).

17. Aristotle, *Poetics* VI.2.1449b.

18. Plato, *Laws* 840 c. See also, *Sophist* 226-227, *Phaedrus* 243 AB, *Phaedo* 66-67, *Republic* 399D.

19. *Webster's New International Dictionary*, op. cit.

20. Adapted and greatly abridged from *Jātaka* 1.68-71 and *Buddhacarita* 2-14.

21. T. S. Eliot, *Four Quartets*, "Burnt Norton" (San Diego/New York/Lon-

don: Harcourt Brace & World, 1943), pp. 15—16.

22. Joyce, op. cit., p. 242 (Viking Compass Edition, p. 213).

23. Coomaraswamy, "Art in Indian Life," in Lipsey (ed.), op. cit., pp. 90—91.

24. Heinrich Zimmer, *Artistic Form and Yoga in the Sacred Images of India*, trans. Gerald Chapple and James B. Lawson, with J. Michael McKnight (Princeton, N.J.: Princeton University Press, 1984), pp. 231—233; quotation from *Kulārnava Tantra* IX.44.

25. George C. O. Haas (ed. and trans.), *The Dasarūpa, A Treatise on Hindu Dramaturgy by Dhanaṃjaya* (New York: Columbia University Press, 1912).

26. *Daśarūpa* 1.6.

27. Ibid, 4.90.

28. Sir Monier-Williams, *A Sanskrit-English Dictionary* (Oxford: The Clarendon Press, 1888), p. 992, col. 3.

29. Joseph Campbell, *The Masks of God*, vol. 2. *Oriental Mythology* (New York: Viking, 1962; Penguin, 1976), pp. 325—327.

30. Johann Wolfgang von Goethe, *Sämtliche Werke, Jubiläumsausgabe* (Stuttgart & Berlin: J. G. Cotta'sche Buchhandlung Nachfolger, 1902-1907), vol. 1. p. 258.

31. *Daśarūpa* 4.46.

32. *Bhagavad Gītā* 29-30.

33. Ibid., 5.18.

34. Nathaniel Hawthorne, "Fancy's Show Box," *Twice Told Tales* (1837, 1842).

35. Friedrich Nietzsche, *Nietzsche contra Wagner*.

36. Sigmund Freud, *Vorlesungen zur Einführung in die Psychoanalyse* (5. Auflage, 1926), pp. 390—391.

37. Thomas Mann, *Novellen*, 2 vols. (Berlin: S. Fischer Verlag, 1922), vol. 2, pp. 87-88. H. T. Lowe-Porter's translation of this passage will be found in Thomas Mann, *Stories of Three Decades* (New York: Knopf, 1936), p. 132.

38. Thomas Mann, *Rede und Antwort* (Berlin: S. Fischer Verlag, 1922), pp. 14—15.

39. Ibid., pp. 16—17.

40. Thomas Mann, *Betrachtungen eines Unpolitischen* (Berlin: S. Fischer Verlag, 1920), pp. 352—353.

41. Joyce, *A Portrait of the Artist As a Young Man*, op. cit., pp. 239, 247.

42. W. Y. Evans-Wentz, *The Tibetan Book of the Dead*, 3rd. ed. (New York:

Oxford University Press, 1960).

43. Heraclitus, Fragment 102. From F. M. Comford, *Greek Religious Thought from Homer to the Age of Alexander* (London/Toronto: J. M. Dent and Sons; New York: E. P. Dutton, no date), p. 84.

44. All page numbers cited correspond to Joyce, *Finnegans Wake*, already cited, Introduction, n. 9.

45. Mann, *Betrachtungen eines Unpolitischen*, op. cit., pp. 352—353.

46. Thomas Mann, *This War* (New York: Knopf, 1940), p. 41.

47. T. S. Eliot, op. cit., pp. 15—16.

48. Robinson Jeffers, *Roan Stallion, Tamar, and Other Poems* (New York: Boni & Liveright, 1925), p. 232.

约瑟夫·坎贝尔书目

以下是由约瑟夫·坎贝尔撰写和编辑的主要书籍。每个条目都给出了首次出版的相关数据。有关所有其他版本的信息，请参阅约瑟夫·坎贝尔基金会网站（www.jcf.org）上的图表。

撰写

Where the Two Came to Their Father: A Navaho War Ceremonial Given by Jeff King. Bollingen Series 1. With Maud Oakes and Jeff King. Richmond, Va.: Old Dominion Foundation, 1943.

《解读〈芬尼根的守灵夜〉》With Henry Morton Robinson. New York: Harcourt, Brace & Co., 1944.

《千面英雄》Bollingen Series xvii. New York: Pantheon Books, 1969.

The Flight of the Wild Gander: Explorations in the Mythological Di-

mension. New York: Viking Press, 1969.*

《众神的面具》（共 4 卷）New York: Viking Press, 1959-1968.《众神的面具 1：原始神话的诞生》，1959；《众神的面具 2：东方神话的启示》，1962；《众神的面具 3：西方神话的创变》，1964；《众神的面具 4：创造性神话的繁荣》，1968。

《指引生命的神话》New York: Viking Press, 1972.

《梦境的象征》Bollingen Series c. Princeton: Princeton University Press, 1974.

《心灵的宇宙》New York: Alfred van der Marck Editions, 1986.*

The Historical Atlas of World Mythology:

Vol. 1, *The Way of the Animal Powers*. New York: Alfred van der Marck Editions, 1983. Reprint in 2 pts. Part 1, *Mythologies of the Primitive Hunters and Gatherers.* New York: Alfred van der Marck Editions, 1988. Part 2, *Mythologies of the Great Hunt*. New York: Alfred van der Marck Editions, 1988.

Vol. 2, *The Way of the Seeded Earth*, 3 pts. Part 1, *The Sacrifice*. New York: Alfred van der Marck Editions, 1988. Part 2, *Mythologies of the Primitive Planters: The Northern Americas*. New York: Harper & Row Perennial Library, 1989. Part 3, *Mythologies of the Primitive Planters: The Middle and Southern Americas*. New York: Harper & Row Perennial Library, 1989.

《神话的力量》With Bill Moyers. Ed. Betty Sue Flowers. New York: Doubleday, 1988.

Transformations of Myth through Time. New York: Harper & Row, 1990.

《英雄之旅》Ed. Phil Cousineau. New York: Harper & Row, 1990.*

《坎贝尔生活美学》Ed. Diane K. Osbon. New York: HarperCollins, 1991.

《解读乔伊斯的艺术》Ed. Edmund L. Epstein. New York: HarperCollins, 1993.

Baksheesh & Brahman: Indian Journal 1954-1955. Eds. Robin and Stephen Larsen and Antony Van Couvering. New York: HarperCollins, 1995.*

The Mythic Dimension: Selected Essays 1959-1987. Ed. Antony Van Couvering. New York: HarperCollins, 1997.

Thou Art That. Ed. Eugene Kennedy. Novato, Calif.: New World Library, 2001.*

Sake & Satori: Asian Journals—Japan. Ed. David Kudler. Novato, Calif. : New World Library, 2002.*

《光之世界》Ed. David Kudler. Novato, Calif. : New World Library, 2003.*

* Published by New World Library as part of the Collected Works of Joseph Campbell.

编辑

Books Edited and Completed from the Posthuma of Heinrich Zimmer:

Myths and Symbols in Indian Art and Civilization. Bollingen Series vi. New York: Pantheon, 1946.

The King and the Corpse. Bollingen Series xi. New York: Pantheon, 1948.

Philosophies of India. Bollingen Series xxvi. New York: Pantheon, 1951.

The Art of Indian Asia. Bollingen Series xxxix, 2 vols. New York: Pantheon, 1955.

The Portable Arabian Nights. New York: Viking Press, 1951.

Papers from the Eranos Yearbooks. Bollingen Series xxx, 6 vols. Edited with R. F. C. Hull and Olga Froebe-Kapteyn, translated by

Ralph Manheim. Princeton: Princeton University Press, 1954-1969.

Myth, Dreams and Religion: Eleven Visions of Connection. New York: E. P. Dutton, 1970.

The Portable Jung. By C. G. Jung. Translated by R. F. C. Hull. New York: Viking Press, 1971.

My Life and Lives. By Rato Khyongla Nawang Losang. New York: E. P. Dutton, 1977.

THE INNER REACHES OF OUTER SPACE

参考文献

Aerobics, by Kenneth H. Cooper, M.D., M.P.H. (New York: M. Evans and Company, Inc.). Copyright © 1968 by Kenneth H. Cooper and Kevin Brown. Reprinted by permission.

Artistic Form and Yoga in the Sacred Images of India, by Heinrich Zimmer, translated by Gerald Chapple and James B. Lawson with Michael McKnight (Princeton, N.J.: Princeton University Press). Copyright © 1984 by Princeton University Press. Reprinted by permission.

"Bilse und Ich," as translated by Joseph Campbell from *Rede und Antwort,* by Thomas Mann (Berlin: S. Fischer Verlag GmbH). Copyright © 1922 by S. Fischer Verlag GmbH. Used by permission.

Black Elk Speaks, by John G. Neihardt (Lincoln, Nebraska: University of Nebraska Press). Copyright © 1979 by the John G. Neihardt Trust. Reprinted by permission of Hilda Neihardt Petri for the John G. Neihardt Trust.

"Burnt Norton," in *Four Quartets,* by T. S. Eliot (New York: Harcourt Brace Jovanovich, Inc.). Copyright © 1943 by T. S. Eliot; renewed 1971 by Esme Valerie Eliot. Reprinted by permission.

Coomaraswamy, edited by Roger Lipsey, volume 1: *Selected Papers: Traditional Art and Symbolism,* and volume 2: *Selected Papers: Metaphysics,* Bollingen Series LXXXIX (Princeton, N.J.: Princeton University Press). Copyright © 1977 by Princeton University Press. Reprinted by permission.

The Divine Comedy, by Dante Alighieri, translated and with a commentary by Charles Singleton, volume 1: *Inferno* and volume 2: *Paradiso,* Bollingen Series LXXX (Princeton, N.J.: Princeton University Press). Copyright © 1970 and 1975 respectively by Princeton University Press. Reprinted by permission.

The Gospel of Sri Ramakrishna, as translated by Swami Nikhilananda (New York: Ramakrishna-Vivekananda Center). Copyright © 1942 by Swami Nikhilananda. Reprinted by permission.

The Marriage of Heaven and Hell, by William Blake, with an introduction and commentary by Sir Geoffrey Keynes (London: Oxford University Press). Copyright © 1975 by Oxford University Press. Reprinted by permission.

"Natural Music," from *Selected Poems,* by Robinson Jeffers (New York: Random House, Inc.). Copyright © 1925 and renewed 1953 by Robinson Jeffers. Reprinted by permission.

A Portrait of the Artist As a Young Man, by James Joyce (New York and London: Viking Penguin Inc.). Copyright © 1916 by B. W. Huebsch; renewed 1944 by Nora Joyce; copyright © 1964 by The Estate of James Joyce. Reprinted by permission.

"The Second Coming," from *The Collected Poems of W. B. Yeats* (New York: Macmillan Publishing Company). Copyright © 1924 by Macmillan Publishing Company; renewed 1952 by Bertha Georgie Yeats. Reprinted by permission.

The Serpent Power, by Arthur Avalon (Sir John Woodroffe) (Madras: Ganesh & Company). Copyright © 1931 by Ganesh & Company. Reprinted by permission.

Shamanism: Archaic Techniques of Ecstasy, by Mircea Eliade, translated by Willard R. Trask, Bollingen Series LXXVI (Princeton, N.J.: Princeton University Press). Copyright © 1964 by Princeton University Press. Reprinted by permission.

"Three Songs from the Night Chant," cited as *The Pollen Path: A Collection of Navajo Myths,* by Margaret Schevill Link (Stanford, Calif.: Stanford University Press). Copyright © 1956 by Stanford University Press. Reprinted by permission.

Where the Two Came to Their Father: A Navajo War Ceremonial, given by Jeff King, edited by Maud Oakes, with commentary by Joseph Campbell, Bollingen Series I (Princeton, N.J.: Princeton University Press). Copyright © 1943 and renewed 1971 by Princeton University Press. Reprinted by permission.

索 引

A

W

Y

Z

约瑟夫·坎贝尔基金会简介

约瑟夫·坎贝尔基金会是一个延续约瑟夫·坎贝尔作品的非营利性组织，探索神话学和比较宗教学领域。基金会的三个主要目标是：

第一，基金会保存、保护坎贝尔开创性的作品。这包括为他的作品创建目录，进行存档，基于他的作品开发新的出版物，管理他已出版作品的销售和发行，保护他的著作权，在基金会的网站上提供坎贝尔作品的数字形式，以扩大人们对他作品的了解。

第二，基金会促进神话学和比较宗教学的研究，支持那些旨在提高公众对这些领域认识的教育项目和活动，并将基金会的网站作为论坛进行跨文化相关交流。

第三，约瑟夫·坎贝尔基金会通过各种项目和活动丰富人们的生活，包括基于网络的全球性准会员项目，地区性的神话学圆桌讨论国际网络，以及定期举办的与约瑟夫·坎贝尔有关的各项活动。

若想了解更多关于约瑟夫·坎贝尔和
约瑟夫·坎贝尔基金会的信息，请联系：
Joseph Campbell Foundation
C/O Citrin Cooperman & Company, LLP
8033 Sunset Blvd. #1114
Los Angeles, CA. 90046-2401
www.jcf.org

未来，属于终身学习者

我们正在亲历前所未有的变革——互联网改变了信息传递的方式，指数级技术快速发展并颠覆商业世界，人工智能正在侵占越来越多的人类领地。

面对这些变化，我们需要问自己：未来需要什么样的人才？

答案是，成为终身学习者。终身学习意味着具备全面的知识结构、强大的逻辑思考能力和敏锐的感知力。这是一套能够在不断变化中随时重建、更新认知体系的能力。阅读，无疑是帮助我们整合这些能力的最佳途径。

在充满不确定性的时代，答案并不总是简单地出现在书本之中。“读万卷书”不仅要亲自阅读、广泛阅读，也需要我们深入探索好书的内部世界，让知识不再局限于书本之中。

湛庐阅读 App: 与最聪明的人共同进化

我们现在推出全新的湛庐阅读 App，它将成为您在书本之外，践行终身学习的场所。

不用考虑“读什么”。这里汇集了湛庐所有纸质书、电子书、有声书和各种阅读服务。

可以学习“怎么读”。我们提供包括课程、精读班和讲书在内的全方位阅读解决方案。

谁来领读？您能最先了解到作者、译者、专家等大咖的前沿洞见，他们是高质量思想的源泉。

与谁共读？您将加入到优秀的读者和终身学习者的行列，他们对阅读和学习具有持久的热情和源源不断的动力。

在湛庐阅读App首页，编辑为您精选了经典书目和优质音视频内容，每天早、中、晚更新，满足您不间断的阅读需求。

【特别专题】【主题书单】【人物特写】等原创专栏，提供专业、深度的解读和选书参考，回应社会议题，是您了解湛庐近千位重要作者思想的独家渠道。

在每本图书的详情页，您将通过深度导读栏目【专家视点】【深度访谈】和【书评】读懂、读透一本好书。

通过这个不设限的学习平台，您在任何时间、任何地点都能获得有价值的思想，并通过阅读实现终身学习。我们邀您共建一个与最聪明的人共同进化的社区，使其成为先进思想交汇的聚集地，这正是我们的使命和价值所在。

著作权合同登记号：图字：01-2023-1953 号

图书在版编目（CIP）数据

心灵的宇宙 /（美）约瑟夫・坎贝尔著；张多，赵晨之译 . -- 北京：华龄出版社，2023.6

书名原文：The Inner Reaches of Outer Space：Metaphor as Myth and as Religion

ISBN 978-7-5169-2536-2

Ⅰ . ①心… Ⅱ . ①约… ②张… ③赵… Ⅲ . ①哲学—研究 Ⅳ . ① B0

中国国家版本馆 CIP 数据核字（2023）第 089645 号

出 版 人　周　宏　　**责任印制**　李未圻

责任编辑　李　健　陈　馨　　**装帧设计**　湛庐文化

书　　名　心灵的宇宙　　**作　　者**　[美] 约瑟夫・坎贝尔

出　　版
发　　行　华龄出版社 HUALING PRESS

社　　址　北京市东城区安定门外大街甲 57 号　　**邮　　编**　100011

发　　行　（010）58122255　　**传　　真**　（010）84049572

承　　印　河北鹏润印刷有限公司

版　　次　2023 年 6 月第 1 版　　**印　　次**　2023 年 6 月第 1 次印刷

规　　格　710mm × 965mm　　**开　　本**　1/16

印　　张　14　　**字　　数**　155 千字

书　　号　ISBN 978-7-5169-2536-2

定　　价　89.90 元